被误会的

听廖名春讲孔子真精神

孔子

廖名春　著

孔學堂書局

图书在版编目（CIP）数据

被误会的孔子：听廖名春讲孔子真精神 / 廖名春著.
—— 贵阳：孔学堂书局，2024.8
　　ISBN 978-7-80770-498-0

　　Ⅰ.①被… Ⅱ.①廖… Ⅲ.①《论语》–研究 Ⅳ.
①B222.25

中国国家版本馆CIP数据核字(2024)第028129号

被误会的孔子：听廖名春讲孔子真精神　廖名春 / 著
BEI WUHUI DE KONGZI：TING LIAO MINGCHUN JIANG KONGZI ZHEN JINGSHEN

图书监制　祁定江
组稿编辑　焦贵萍
责任编辑　杨彤帆
版式设计　张　莹

出版发行　孔学堂书局
地　　址　贵阳市乌当区大坡路26号
印　　制　宝蕾元仁浩（天津）印刷有限公司
开　　本　889×1194mm　1/32
字　　数　200千字
印　　张　8.5
版　　次　2024年8月第1版　第1次印刷
书　　号　ISBN 978-7-80770-498-0
定　　价　39.80元

还孔子以清白

——我们不能再误读和曲解《论语》

《论语》是我国及东亚各国的文化元典，是儒家思想的核心著作。作为一部优秀的语录体著作，全书20篇492章，以言简意赅、含蓄隽永的语言，记述了孔子及其弟子的言行，集中地反映了儒家创始人孔子的思想。

《论语》的内容涉及政治、教育、文学、哲学以及立身处世的道理等多方面。自汉武帝"罢黜百家，独尊儒术"之后，它被尊为"五经之鞴辖，六艺之喉衿"[1]，是研究孔子及儒家思想尤其是原始儒家思想的第一手资料。南宋时朱熹将《大学》《中庸》《论语》《孟子》合为"四书"，使之在儒家经典中的地位日益提高。元代延祐年间，科举开始以"四书"开科取士。此后一直到清朝末年废除科举之前，《论语》一直是学子士人的金科玉律。对于广大普通民众，《论语》多半涉及人类在社会生活中遇到的问题，对中华民族的心理素质及道德行为起到过重大影响。《论语》中所记孔子循循善诱的教诲之言，或简单应答，点到即止；或启发论辩，侃侃而谈；或富于变化，娓娓动听，教给了后人为人处世的道理。直

----

[1]赵岐《孟子题辞》。

到近代新文化运动之前，在两千多年的历史中，《论语》一直是中国人的初学必读之书。

就是这样一本古代圣哲修身明德、体道悟道、充满天人合一智慧的《论语》，我们后人真正读懂了吗？答案是：非也。从廖名春教授的这本书里，我们看到，人们对《论语》有不少误读，有不少曲解。这些误读和曲解，由来已久，有不少甚至是主流性的看法。它们严重影响到了我们对孔子核心价值观的认识，影响到我们对孔子的评价。

廖名春教授从《论语》的整体思想出发，从孔子的一贯之道出发，逐字逐句推敲《论语》中的用字与断句，结合传世文献与地下出土材料（简帛文献），运用文字、音韵、训诂、语法、版本、目录等知识，综合判断，探赜索隐，以严密的逻辑推理，解读了《论语》中17个长期悬而未决的问题，澄清了千百年来人们对孔子的误解，还原了孔子学说的本来面貌，纠正了已在我们思想深处打下烙印的曲解和误读，真正还了孔子一个清白。此书可以说是《论语》的功臣，廖名春教授可以说是孔子的功臣。要读懂《论语》，要对孔子的精神和思想有客观的认识，有深刻的了解，就一定得读读廖教授的书。

焦贵萍

2014年于孔学堂书局

序　言

我和廖名春教授相交已将近二十年。从北京、成都、济南到台湾，每与他开会一次，就感到他那种学术绵密、创新多方的成果，是其坚毅的个性和聪颖的天资所致，而更令我敬重的原因是他掌握了学术的正确方向。他对学术与文化的正确看法，在当今学术界中，颇有卓越的眼光。

本书正是廖教授在其正确治学见解下所产出的"导夫传统经典文化研究的新路"，在《论语》研究上，实为当代传统学术研究的重要成果。我以为廖教授的新作可与钱穆先生《论语新解》相并重，都是当代学者对《论语》研究的杰出力作。

廖教授本书最大的特色有三。一、澄清近百年国内外对孔子的误解。如"轻视妇女"、"用人惟亲，袒护家人"的不守法制以及"民可使由之，不可使知之"的愚民政策。因此，在"文革"时期，不少人误认为孔子是人民的敌人，而非中华文化的导师。西方学者也有孔子是中国现代化的绊脚石之说。二、指出上述致误的原因，在于"思想的误会"和"文意的曲解"以及"文献流传的错误"，并一一详细剖析。三、更重要的是，廖教授提出了发出正确见解、公正评论的途径：（一）对近人所提观点敢用理性精神（主要是逻辑理性）发现问题。不论是古注或今解，一定要问一个为什么，绝对不能盲从。（二）发现问题以后，要善于用客观的考证方法来解决问题。所谓客观的考证方法，主要是将地上材料（文献、典籍）与地下出土材料（简帛文献）结合起来，运用文字、音韵、训诂、语法、版本、目录等知识，综合判断，反复论证，务求字义通顺，契于文理、哲理、心理等各个角度，而这正是廖教授治学最特殊也是最有贡献之处。

对于本书的篇章安排，廖教授也多有巧思。首先主旨为"《论语》的老大难问题"，即指所讨论的17个问题都是《论语》中最精要且最易让人误读的问题，因此本书可作为《论语》思想精要的导读。从"历史的冤案"谈到"思想的误会""文义的曲解""老大难的问题""文献流传的错误"，实是一部《论语》研究途径的细论。文章有理有据，在选题深刻有趣下，娓娓道来，令人深思回味不已。

我深信本书是廖教授《帛书周易论集》《周易经传与易学史新论》及《续论》《郭店楚简老子校释》《荀子新探》《中国学术史新证》《新出楚简试论》《出土简帛丛考》等之后的再一部精彩著作，为儒家经典、中国文化，也是为先秦史研究添下一重要的新篇。同时，本书也必为关心中国文化的读者、学者所共赏。衷心希望，大家一起来和廖教授"奇文共欣赏，疑义相与析"。

台湾交通大学教授

元智大学中文系原系主任　　　詹海云

四川大学特聘教授

2014年7月6日于北京师范大学"诸百家争鸣新论题"学术研讨会

暨第一届中国诸子学论坛

前　言

　　孔子是世界著名思想家，更是中国文化的象征符号。但近代以来，孔子的地位、孔子的思想、孔子的形象饱受争议。我们当中有不少人对孔子思想充满了敌意和误解。这些敌意和误解，有些是政治上的，有些是学术上的。但无可讳言，许多政治上的敌意是学术上的误解造成的。而学术上的误解，基本上都来源于对《论语》的错误认知。

　　大家都承认，《论语》一书是研究孔子思想最主要也最为可靠的元典。但就是对《论语》这本书的许多错误认知，却严重地影响到了我们对孔子思想的认识和评价。比如人们批评孔子搞"愚民"政策，就来源于对《论语·泰伯》篇"民可使由之，不可使知之"章的误读；人们攻击孔子搞"司法腐败"，就来源于对《论语·子路》篇"父为子隐，子为父隐"章的曲解；人们指责孔子"轻视妇女"，就来源于对《论语·阳货》篇"唯女子与小人为难养也"章的想当然。很难想象，一个"轻视妇女"的孔子，一个搞"司法腐败"的孔子，一个搞"愚民"政策的孔子，能被现代社会所接受，能成为现代人的精神导师。所以，要正确地认识和评价孔子，就要从《论语》入手。只有读懂了《论语》，领悟了《论语》的真精神，才能真正地认识孔子，正确地认识孔子的思想。不然，老是误读《论语》，孔子总是蒙冤，正资产就变成了负资产。

要读懂《论语》，要解决《论语》的误读问题，我的方法有二。一是用理性精神，用逻辑理性去发现问题。遇到现有说法与孔子的基本精神发生矛盾的，不管是先贤还是今哲，不管是古注还是今解，都要敢于问一个为什么，绝对不能盲从。这样，在《论语》一书里，我就发现了许多的疑点，研究就有了方向。

二是在发现问题后，要善于用客观的考证方法来解决问题。所谓客观的考证方法，最主要的还是文字、音韵、训诂、语法、版本、目录等小学的知识。用这些语言文字的知识做工具来解决问题，往往有意想不到的收获。而所谓的"地下之材料"与"地上之材料"互证的新方法，也不过是传统的版本学研究的翻新而已。多了一些地下出土的简帛文献，也就是多了一些新的、更早的版本，研究起来就更有利了。不过，新出土的材料，我们能用，外国学者也能用，我们并没有更多的优势。但比较起来，我们更强的应该是语言文字之学，汉语是我们的母语，我们有天然的优势，外国学者在汉语、汉字的释读上，要超过我们国人的难度是相当大的。研究《论语》也是如此，有了新的出土文献，考证自然容易一些。没有新的出土文献，考证尽管难度大，但凭借理性精神也能有所发现；我们凭借语言文字之学，也能解决不少的疑难问题。要相信我们的研究能力，而不能靠天吃饭。本书探讨并解决了17个《论语》的老大难问题，就是上述理论方法的体现。

笔者坚信，只有解决了《论语》学术上的种种疑难问题，我们才能求得《论语》的真精神。求得了《论语》的真精神，我们才能真正了解并正确地评价孔子及其思想，在学术共同体内取得对孔子及其思想的共识。

　　"路漫漫其修远兮，吾将上下而求索"，以此与大家共勉！

　　　　　　　　　　　　　　廖名春

　　　　　　　　　　　　于北京回龙观

目　录

第一编 历史的冤案

　　长期以来，攻击和贬低孔子的人，一口咬定孔子有三大罪状：所谓的愚民说、司法腐败说、轻视妇女说。其实，所谓的三大罪状都出于人们对《论语》的误读，这是学术史上、政治思想史上最大的冤案。下面，我们通过分析《论语·泰伯》篇"民可使由之"章、《论语·子路》篇"叶公语孔子"章、《论语·阳货》篇"唯女子与小人为难养也"章看看孔子是如何蒙冤的，人们又是如何误读《论语》、歪曲孔子思想的。

孔子出行

匡人解围

第一章　愚民说
——"民可使由之，不可使知之"的真相

"民可使由之，不可使知之"当读为"民可使迪之，不可使折之"。孔子是说：民众可以让人引导，而不能被暴力阻止、压制。这是正视民众力量而得出的民本学说，何来愚民思想？

近代以来，随着民主精神深入人心，孔子往往被看成专制思想的代表。我们的专家们，无论是搞中国哲学史的，还是搞中国政治思想史的，不少都认定孔子"治国平天下"奉行的是愚民政策。他们的根据就是《论语·泰伯》第九章的记载："子曰：'民可使由之，不可使知之。'"比如杨伯峻（1909—1992）先生就认为，这两句与商鞅说的"民不可与虑始，而可与乐成"意思大致相同，因此，他就翻译作："孔子说：'老百姓，可以使他们照着我们的道路走去，不可以使他们知道那是为什么。'"[1] 老百姓只可以照着统治者的指示去做，而不能知道为什么要这么做，只可以做工具，不能明白道理，这不是愚民政策是什么？所以，我们的专家们对孔子口诛笔伐，把孔子看成是反民主的典型，这似乎是有道理的。

---

[1] 杨伯峻：《论语译注》，中华书局1980年版，第87页。

应该承认，以杨伯峻先生为代表的理解是有根据的，因为自古以来的训诂的确就是这样解释的。现在我们能看到此章最早的古注当数东汉的郑玄（127—200），他就说："民，冥也。由，从也。言王者设教，务使人从之。若皆知其本末，则愚者或轻而不行。"[1] 这是说，老百姓是睁眼瞎，做君王的发号施令，就一定要让人听命。如果老百姓都了解了内情，那些愚蠢的人们就会看不起君王而不服从君命。一句话，就是《老子》说的"国之利器不可以示人"。

最早的《论语》注解著作，三国何晏（？—249）的《论语集解》（下文简称《集解》）也是这么说："由，用也。可使用而不可使知者，百姓能日用而不能知。"[2] 这是说，老百姓只能被使用而不能了解底细，这就好像《周易·系辞传》说的"百姓日用而不知"一样。这为理解《论语》孔子的话在《周易·系辞传》里找到了根据。

南宋朱熹（1130—1200）的《论语集注》（下文简称《集注》）是古代最为权威的《论语》注，注此为："民可使之由于是理之当然，而不能使之知其所以然。程颐（1033—1107）曰：'圣人设教，

論語卷第一　朱熹集注

學而第一

此為書之首篇故所記多務本之意乃入道之門積德之基學者之先務也凡十六章

子曰學而時習之不亦說乎

說悅同○學之為言效也人性皆善而覺有先後後覺者必效先覺之所

---

[1]《〈礼记·丧服传〉疏》引郑注、《〈后汉书·方术传〉注》引郑注，皆转引自程树德：《论语集释》，中华书局1990年版，第532页。

[2] 何晏：《论语集解》卷四，《四部要籍注疏丛刊·论语（上）》，中华书局1998年版，第710—711页。

非不欲人家喻而户晓也。然不能使之知，但能使之由之尔。'"[1] 这是说，对于民众，可让他们遵循这个应当如此的理，而无法让他们知道为什么如此。又引用理学大师程颐的解释说：圣人设立的教义，不是不想让人们家喻户晓，但无法让他们懂得，只能让他们遵从。

从东汉、三国的郑玄、何晏，到北宋、南宋的程颐、朱熹，他们的注解一脉相承，都是认为孔子在这里说的是老百姓只能被人使用，不能让他们知道为什么。以杨伯峻为代表的现代译注应当说是符合传统的。

但是，视"民"为"冥"，把老百姓看成是睁眼瞎，迹近于愚民，如此理解孔子，孔子就与老子、韩非子差不多了，作为以仁民爱人为宗旨的儒学大师，程颐毕竟于心不安。因此，他忍不住提出疑问："若曰圣人不使民知，则是后世朝四暮三之术也，岂圣人之心乎？"[2] 认为假若圣人不让民众知道为什么，那就是后世朝三暮四的权术，不可能是圣人的用心，否定"不可使"民"知之"是孔子的本意。朱熹弟子辅广也说："所谓圣人不使民知者，乃老氏愚民、庄子以智笼愚之说，朝三暮四，朝四暮三，诡谲不诚，圣人而肯为是哉？"[3] 这是说"民不可使知之"是《老子》《列子》的愚民思想，"朝三暮四，朝四暮三"，狡黠多变，不讲诚信，像孔子这样的圣人绝不会这样做。

[1] 朱熹：《论语集注》卷四，《四部要籍注疏丛刊·论语（上）》，第566页。
[2] 文渊阁《四库全书》子部儒家类《二程遗书》卷十八，武汉大学出版社1997年版。按：本书所涉文渊阁《四库全书》均为此版。
[3] 文渊阁《四库全书》经部四书类《四书纂疏·论语纂疏》卷四。按："庄"当作"列"。

程颐和辅广的意见是有道理的。我们知道，孔子是我国伟大的思想家，更是有记载以来第一位伟大的教育家。《论语·卫灵公》说："子曰：'有教无类。'"意思是指，不应为贫富、贵贱、智愚、善恶等原因把一些人排除在教育对象之外，应对谁都可以进行教育。《史记·孔子世家》也说："孔子以诗书礼乐教，弟子盖三千焉。"孔子这些众多的弟子中，尽管有不少是贵族子弟，但出身平民家庭的恐怕更多。这些弟子，大多属于所谓"民"无疑。如果孔子认为这些"民"是"不可使知之"的，他"诲人不倦"的教育又有什么意义？以孔子为代表的儒家，最重视的就是教育，就是教化。他们坚信通过礼乐的教化，可以使"野人"变成文质彬彬的"君子"，可以使"化外之民"变成守仁行义、乐善好施的"新民"。如果"民"是"不可使知之"的，那么儒家的教化又从何谈起？而离开了教育，不讲教化，孔子还是孔子，儒家还是儒家吗？所以，承认孔子是伟大的教育家，承认儒家的根本在于教化，就不能承认孔子主张"民"是"不可使知之"的。认定孔子主张"民可使由之，不可使知之"，就势必与孔子的整体思想和一生的行事相矛盾。这样，孔子就不是孔子了，孔子就变成老子、商鞅、韩非子了。

特别是近代西方的民主、自由、平等、博爱思想传入中国以后，民权高涨，民智大开。维护孔子的学者们也意识到了"民可使由之，不可使知之"说与现代民主思想的矛盾，看出了此说的不妥。为了适应时代潮流，解决"民可使由之，不可使知之"说的问题，他们做了种种努力来改变句读。

一是在"可"字下断读。如宦懋庸（1842—1892）解为："对于民，其可者使其自由之,而所不可者亦使知之。"[1] 这样,就成了:"民可,使由之;不可,使知之。"梁启超[2]、乔一凡[3]、陈金粟[4]、盖莉[5] 等都赞成此读法。

二是在"使"字下断读。如王承璐[6] 就标点为:"民可使,由之;不可使,知之。"宋占生[7]、吴丕[8]、俞志慧[9]、陈乐平[10]、杨薇[11]、张长

———————————

［1］宦懋庸:《论语稽》,《续修四库全书》第157册,影印复旦大学图书馆藏民国二年维新印书馆铅印本,第318页。

［2］梁启超:《孔子讼冤》,《梁启超学术论著》,浙江人民出版社1998年版,第192页。按:李泽厚说康有为也有此断句(李氏著《论语今读》,安徽文艺出版社1998年版),但并没有注明康说的出处。王承璐《"民可使由之不可使知之"辨》(《江淮论坛》1981年第6期)则认为康有为《论语注》提出这一断句,但遍寻不见。应当是以讹传讹。

［3］乔一凡:《论语通义》,台湾"中华书局"1983年版,第126页。

［4］陈金粟:《是愚民、民主还是教民——读〈论语〉民可使由之不可使知之》,新疆师范大学学报(哲学社会科学版)1984年第1期。

［5］盖莉:《关于"民可使由之不可使知之"的释读》,《孔子研究》2000年第3期。

［6］王承璐:《"民可使由之不可使知之"辨》,《江淮论坛》1981年第6期。

［7］宋占生:《"民可使由之不可使知之"辨》,《松辽学刊》1985年第2期。

［8］吴丕:《孔子的"使民"思想——关于"民可使由之,不可使知之"的解释》,《齐鲁学刊》1994年第5期;《再论儒家"使民"思想》,《光明日报》2000年6月13日。

［9］俞志慧:《〈论语·泰伯〉"民可使由之不可使知之"章心解》,《孔孟月刊》1997年第35卷第5期。

［10］陈乐平:《试释〈论语〉"民可使"章》,《无锡教育学院学报》1997年第4期。

［11］杨薇:《"民可使由之不可使知之"辨释》,《湖北大学成人教育学院学报》1999年第4期。

文、袁丽华、廖舸[1]、冯浩菲[2]、张刚[3]、王蔚[4]等都袭用了此断句。[5]

三是断为："民可使由之，不可，使知之。"[6]或"民可使由之？不可！使知之。"[7]

四是断为："民可使，由之不可，使知之。"[8]

五是断为："民可使由之，不。可使知之。"[9]

这五种断句能否成立？我们看看湖北荆门郭店一号墓出土的楚简《尊德义》篇的记载就清楚了。

---

[1] 张长文、袁丽华、廖舸：《〈论语·泰伯〉第九章新断》，《长沙电力学院学报（社会科学版）》2001年第3期。

[2] 冯浩菲：《孔子"愚民"辨》，《文史哲》2003年第3期。

[3] 张刚：《是"愚民"还是"民本"——〈论语〉一则略考》，《思想战线》2004年第6期。

[4] 王蔚：《"民可使由之不可使知之"句意辨析》，"价值中国网"2005年1月20日。

[5] 南怀瑾说："到了民国以来，'五四运动'前后，有好几个人改这两句话。康有为、梁启超他们说，孔子绝对民主，古人对这两句书，圈点句读错了，应该是'民可使，由之'。老百姓各个知识都高了，可以公开选择投票，给他们政治自由。'不可使，知之。'老百姓还没有到达水平，'知之'，教育他，训练他，先使他知。改得好像是非常好。但又有人不同意，说康、梁的句读也错了，应该是'民可，使由之。'看看这个社会，老百姓可以民主了，给他民主。'不可，使知之。'看看老百姓还不可以民主的时候，'使知之'，要教育他。"（南氏著《论语别裁》，复旦大学出版社1990年版，第394—395页。）依此说，这种断句当源于康、梁。其实康有为并没有这两种断句；梁启超没有"民可使，由之。不可使，知之"的断句，却有"民可，使由之。不可，使知之"的断句，南先生是完全颠倒了。

[6] 骆小所：《谈谈"民可使由之不可使知之"的断句和翻译——兼谈其中"可"的不同用法》，《曲靖师范学院学报》1982年第0期。

[7] 已故辽宁大学阎简弼说，见王建华：《"民可使由之，不可使知之"的五种句读方法》，《晋东南师范专科学校学报》2002年第3期。

[8] 王建华：《"民可使由之，不可使知之"的五种句读方法》，《晋东南师范专科学校学报》2002年第3期。又王蔚：《"民可使由之不可使知之"句意辨析》，"价值中国网"2005年1月20日。

[9] 王昌铭说，见2004年8月24日《语言文字报》，转引自王蔚：《"民可使由之不可使知之"句意辨析》，"价值中国网"2005年1月20日。

郭店楚简《尊德义》篇简 21、22 说 :"民可使道之，而不可使智（知）之。民可道也，而不可强也。"其注释裘锡圭按 :"道，由也。《论语·泰伯》:'子曰 :民可使由之，不可使知之。'"[1]

笔者曾指出,简文的"民可使道之,而不可使知之"即《论语·泰伯》所载"子曰 :民可使由之，不可使知之。""民可使道之，而不可使知之"与"民可导也,而不可强也"语意非常接近。"民可导也",从"民可使道之"出 ;"不可强也"，从"不可使知之"出。这就是说……老百姓可以引导，但这种引导不能强迫[2]……

如果承认笔者关于简文的"民可导也，而不可强也"是对"民可使道之，而不可使知之"的解释，那么，就会发现上述改读都不能成立。

因为简文"民可导也，而不可强也"不能点为"民可，导也 ;而不可，强也"，"民可使道之，而不可使知之"自然也不能点为"民可，使道之;而不可，使知之"，则"民可，使由之;不可，使知之"的断句必然不能成立。

同理，"民可使道之，而不可使知之"也自然不能点为"民可使，道之 ;而不可使，知之"，则"民可使，由之;不可使，知之"的断句也必然不能成立。

简文"民可导也，而不可强也"不能点为"民可道也;而不可，强也"，"民可使道之，而不可使知之"也自然不能点为"民可使道之;

[1] 荆门市博物馆 :《郭店楚墓竹简》，文物出版社 1998 年版，第 175 页。
[2] 廖名春 :《郭店楚简儒家著作考》，《孔子研究》1998 年第 3 期。

而不可，使知之"，则"民可使由之，不可，使知之"或"民可使由之？不可！使知之"的断句也必然不能成立。

简文"民可导也，而不可强也"不能点为"民可，道也而不可，强也"，"民可使道之，而不可使知之"也自然不能点为"民可使，道之而不可，使知之"，则"民可使，由之不可，使知之"的断句也必然不能成立。

简文"民可导也，而不可强也"不能点为"民可道也，而不，可强也"，"民可使道之，而不可使知之"自然也不能点为"民可使道之，而不，可使知之"，则"民可使由之，不。可使知之"的断句也必然不能成立。

从语义逻辑上看，"民可，使由之；不可，使知之"的断句扞格不通，因为既是"由（听）之"，就不应该说"使"。"使"与"由"矛盾。"民可使，由之；不可使，知之"的断句也是，既是"可使"，就不应该说"由之"。受人使唤，听人指使，还怎能说是听任呢？

承认简文"民可导也，而不可强也"是对"民可使道之，而不可使知之"的解释，我们就会发现，"不可使知之"之"知"就是"强"，其意义应该是强迫，而不是所谓知晓、明白。而《论语》"不可使知之"之"知"也应如此。

但"知"字为什么会有"强"的义训呢？学人们鲜能做进一步的探讨。彭忠德则指出："'知'之一义为主持、掌管，此处即当引申为控制、强迫之意。"[1] 李锐支持彭说，并做了补证：

---

[1] 彭忠德：《也说"民可使由之"章》，《光明日报》2000 年 5 月 16 日。

《左传·襄公二十六年》：

公孙挥曰："子产其将知政矣！"魏了翁《读书杂钞》
说："后世官制上知字，如知府、知县，始此。"《国语·越语》
也记越王勾践说："凡我父兄昆弟及国子姓，有能助寡人谋
而退吴者，吾与之共知越国之政。"此一义项在后代也常见，
《字汇·矢部》："知，《增韵》：主也。今之知府、知县，义
取主宰也。"张相《诗词曲语词汇释》卷五："知，犹管也。"

如此说来，"民可使由之，不可使知之"则成了"民众可以让
人引导他们；不能让人管治他们。"[1]

"知"有"主管"义自然没问题，但"主管"义与"强"义毕
竟还有距离，说"当引申为控制、强迫之意"，不但有点勉强，而
且缺乏书证。更重要的是，以孔子有"民众……不能让人管治他们"
之说，实在说不过去。如果孔子认为"民众……不能让人管治"的
话，那这就近于道家"无为"之说了，孔子也就成了老子、庄子了。
儒家矢志于"修""齐""治""平"，作为其代表的孔子又怎能说"民
众……不能让人管治他们"呢？可见这一解释是难以成立的。

笔者认为以"知"为本字要说通"强"字是不可能的，当另求
别解。因此，颇疑"知"非本字，当为"折"字之借。王引之（1769—
1834）云：

---

[1] 李锐：《"民可使由之不可使知之"再解》，"考古学与中国现代学术国际研讨会"
论文，烟台大学 2004 年 10 月。

楔而舍之，朽木不知，"知"字宋、元本及明程荣本并同。自沈泰本始改"知"为"折"，而朱本、卢本、孔本皆从之。家大人曰：作"知"者原本作"折"者，后人依《荀子》改之也。《晋书·虞溥传》"锲而舍之，朽木不知"所引，即《大戴礼》文。《晏子·杂》篇"夫不出于尊俎之间，而知冲千里之外，其晏子之谓也"，"知冲"即"折冲"（后人不晓"知"字之义而删去"冲"字，又于"晏子之谓也"下增"可谓折冲矣"五字，大谬。辨见《读书杂志》。）是"知"与"折"古字通，故《荀子》作"折"，《大戴》作"知"，孔以宋本作"知"为讹，非也。（"折"于古音属祭部，"知"于古音属支部。支、祭二部之字，古或相通。《檀弓》："吉事，欲其折折尔。"郑注："折折，安舒貌。《诗》云：好人提提。"《释文》："折，大分反。"《中庸》引《诗》："既明且哲。"《释文》："哲，徐本作知。""哲"之为"知"，"折折"之为"提提"，亦犹"折"之通作"知"也。）[1]

《周礼·地官司徒下》："师氏：掌以媺诏王。以三德教国子：一曰至德以为道本，二曰敏德以为行本，三曰孝德以知逆恶。"孔颖达（574—648）疏："以孝德之孝以事父母，则知逆恶不行也。"俞樾云：

　　"逆恶"之事无取乎"知"之，"知"当读为"折"。

[1] 王引之：《经义述闻》卷十二《大戴礼记中》，《续修四库全书》第 174 册，上海古籍出版社 1995 年版，第 544 页。

《荀子·劝学》篇："锲而舍之，朽木不折。"《大戴礼记·劝学》篇作："楔而舍之，朽木不知。""知"即"折"之假字也。"知"与"折"古音相近。《礼记·中庸》篇："既明且哲。"《释文》曰："哲，徐本作知。""知"之通作"折"，犹"知"之通作"哲"也。"孝德以折逆恶"者，言以孝德折其逆恶之心也。"折"犹制也。《论语·颜渊》篇"片言可以折狱者"，郑注："鲁读'折'为'制'。"是"折"与"制"义通[1]。

《说文·矢部》："知，词也，从口，从矢。"徐锴《系传》："凡知理之速，如矢之疾也，会意。"但"《韵会》引作从口矢声"。徐灏《说文解字注笺》："知当从矢声。"苗夔《说文声订》也云："当从建首字（矢）声例补'矢亦声'。"[2]案："知当从矢声"说是。《周易·晋》："失得勿恤。"《释文》："失，孟、马、郑、虞、王肃作矢，虞云：矢，古誓字。"[3]《礼记·表记》："信誓旦旦。"《释文》："誓，本亦作矢。"[4]"知"字从"矢"得声，"矢"可与"誓"互用，"知"自然也可与"折"互用。因此，将"不可使知之"之"知"读为"折"，从音理和文献互用的习惯来看，是完全可能的。

《说文·艸部》："折，断也。"本义是以斧断木，引申则有

[1] 俞樾：《群经平议》卷十二《周官一》，《续修四库全书》第 178 册，第 203 页。
[2] 丁福保：《说文解字诂林》，中华书局 1988 年版，第 5499 页。
[3] 陆德明：《经典释文》卷第一《周易音义》，《十三经注疏》整理委员会整理：《周易正义（十三经注疏）》，北京大学出版社 2000 年版，第 423 页。
[4] 按："'矢'下原衍'誓'字，今删。"高亨纂著、董治安整理：《古字通假会典》，齐鲁书社 1989 年版，第 575 页。

以强力阻止、挫败、折服、制伏之意。《诗·大雅·绵》"予曰有御侮"《毛诗训诂传》（后文简称《毛传》）："折冲曰御侮。"孔颖达疏："有武力之臣能折止敌人之冲突者，是能扞御侵侮，故曰御侮也。"《孔子家语·贤君》："忠士折口。"王肃（195—256）注："折口，杜口。"《汉书·蒯通传》："折北不救。"颜师古（581—645）注："折，挫也。"又《游侠传》："权行州域，力折公侯。"《书·吕刑》："伯夷降典，折民惟刑。"陆德明（约550—630）《经典释文》："折，马云：智也。"孔颖达疏："折断下民，惟以典法。"又："哲人惟刑。"孔安国传："言智人惟用刑。"王引之曰："'哲'当读为'折'，'折'之言制也。'哲人惟刑'，言制民人者惟刑也。（上文'制以刑'，《墨子·尚同》篇引作'折则刑'。）上文'伯夷降典，折民惟刑'……《墨子·尚贤》篇引作'哲民惟刑'。'折'，正字也；'哲'，借字也。'哲人惟刑'犹云'折民惟刑'耳。"[1]其说是。"折民"即"制民"，折就是制，就是用强力制伏、压服。

因此，简文"民可使道之，而不可使知之。民可导也，而不可强也"当读作"民可使道之，而不可使折之。民可导也，而不可强也"。是说老百姓可以让人引导他们，而不能让人用暴力去阻止、折服他们；老百姓可以引导，但不能强迫。"导"是引导，"折"是以强力阻止、挫败、折服、制伏，其义正好相反。由于"强"与"折"义近，故简文以"强"释"折"。

[1] 王引之：《经义述闻》卷四《尚书下》，《续修四库全书》第174册，第354页。

懂得了这一点，说简文"两层意思相互联系，但并不相同"，显然是不能成立的[1]。说简文是讲"治民者以身教还是以言教"[2]，也同样欠准确。回到《论语》本文，"民可使由之，不可使知之"章，"由"当读为"迪"，"迪"，导也[3]。而"知"当读为"折"，义为阻止、挫败、折服。孔子是说：民众可以让人引导，而不能被暴力去阻止、挫折。这是正视民众力量而得出的民本学说，又何来愚民思想？

王引之指出："字之声同声近者，经传往往假借。学者以声求义，破其假借之字，而读以本字，则涣然冰释。如其假借之字而强为之解，则诘鞫为病矣。"[4]不明假借读《论语》"民可使由之，不可使知之"章，"强为之解"，自然"诘鞫为病"，以致诬孔子愚民；破"知"之假借而"读以本字"为"折"，《论语》此章的本义才"涣然冰释"。不过，没有郭店楚简《尊德义》的铁证，我们很难会想到"知"是"折"的借字，"由"是"导"的借字，孔子"愚民"的千古之冤恐怕也难以洗清。

[1] 钱逊：《"使由使知"与"可道不可强"》，"简帛研究网"2000年5月24日。

[2] 庞朴：《"使由使知"解》，《文史知识》1999年第9期。

[3] 李锐：《玉篇·辵部》："迪，导也。"所以"由"当为"迪"之借字，"迪"训为"导"，正好与《尊德义》"道（导）"之意相同。而且，"迪"古音为定纽觉部字，"道"古音为定纽幽部字，韵部幽觉为严格的阴入对转，古书中也有"迪""道"互用之例（氏著：《"民可使由之不可使知之"再解》）。其说可参。

[4] 王引之：《经义述闻·序》，《续修四库全书》第174册，第250页。

第二章　司法腐败说
——"父为子隐，子为父隐"的实质

> 　　"父为子隐，子为父隐"当读为"父为子檃，子为父檃"，是说父亲要为儿子矫正错误，儿子要为父亲矫正错误，"隐"并不是"隐匿""隐瞒"，而是"檃栝""矫正"的意思。将孔子"不隐于亲"、勇于改过视为搞"司法腐败"，是"以小人之心度君子之腹"。

　　《论语·子路》篇第十八章："叶公语孔子曰：'吾党有直躬者，其父攘羊，而子证之。'孔子曰：'吾党之直者异于是。父为子隐，子为父隐，直在其中矣。'"[1] 近二十年来关于此章的争议越来越激烈。攻之者说"父为子隐，子为父隐"是"典型的徇情枉法""无可置疑的腐败行为"[2]；为之辩护者说这是"伦理常态"，"'父子互隐'恰恰包含着对人权的尊重与维护的因素。让亲人从亲人的证人席上走开，恰恰具有现代性"[3]。两种意见虽然势同水火，但其训诂学的

---

[1] 文渊阁《四库全书》经部四书类《论语注疏》卷十三。

[2] 刘清平：《论孔孟儒学的血亲团体性特征》，北京大学哲学系编：《哲学门》，第 1 卷第 1 册，湖北教育出版社 2000 年版；刘清平：《美德还是腐败——析〈孟子〉中有关舜的两个案例》，《哲学研究》2002 年第 2 期。邓晓芒：《再议"亲亲相隐"的腐败倾向——评郭齐勇主编〈儒家伦理争鸣集〉》，《学海》2007 年第 1 期。

[3] 郭齐勇：《也谈"子为父隐"与孟子论舜》，《哲学研究》2002 年第 10 期。

基础却非常一致，都以"隐"为"隐匿"，因为这是自古以来的通训。

前几年给本科生上课，学生周逸说王弘治有文认为这里的"隐"是"檃"的假借字，引申为矫治纠正的意思。"父为子隐，子为父隐"就是：如同檃栝可以使不规则的木料成为良匠手中的可用之材，父亲是在潜移默化之中端正儿子行为的榜样；又如同矫正曲木需要柔和的外力作用与相应的施力时间，儿子也应该采取不过火的行动来纠正父亲的不当行为[1]。我对此非常吃惊，课后找到王的文章，拜读后赞叹不已，又做了一些补充证明，写进了为庆祝清华大学古文献研究中心成立而作的《从〈论语〉研究看古文献学的重要》[2]一文中。现在，随着中国《刑事诉讼法》的修订，人们对《论语》"父子互隐"章的关注又达到了一个新的高度。笔者认为，《论语》此章的问题关系到孔子学说的根本，从训诂到义理，有一些问题尚未完全解决，还有继续深入研究的必要。因此，拟在前文的基础上，做一更为系统详细的讨论。希大方之家不吝指正。

一、文献的证明

王弘治将《论语·子路》篇"父为子隐，子为父隐"之"隐"读为"檃"，檃亦作檃，训为"矫正"，这看起来匪夷所思，其实从古汉语的语言习惯看，非常正常。

[1]王弘治：《〈论语〉"亲亲相隐"章重读》，《浙江学刊》2007年第1期。
[2]廖名春：《从〈论语〉研究看古文献学的重要》，《清华大学学报（哲学社会科学版）》2009年第1期。

首先，古文献中"隐"与"檃"通用，当属常例。

"檃栝"一词，《荀子》书多见。如《荀子·性恶》篇：

> 故枸木必将待檃栝、烝矫然后直，钝金必将待砻厉然后利，今人之性恶，必将待师法然后正，得礼义然后治[1]。

杨倞注："檃栝，正曲木之木也。烝，谓烝之使柔。矫，谓矫之使直也。"[2]

《荀子·性恶》篇又说：

> 故檃栝之生，为枸木也；绳墨之起，为不直也；立君上、明礼义，为性恶也。用此观之，然则人之性恶明矣，其善者伪也。直木不待檃栝而直者，其性直也；枸木必将待檃栝、烝矫然后直者，以其性不直也[3]。

《荀子·大略》篇也说：

> 乘舆之轮，大山之木也。示诸檃栝，三月、五月，为帱菜，敝而不反其常。君子之檃栝，不可不谨也。慎之[4]！

[1] 文渊阁《四库全书》子部儒家类《荀子》卷十七。
[2] 王天海：《荀子校释》，上海古籍出版社2005年版，第937页。
[3] 文渊阁《四库全书》子部儒家类《荀子》卷十七。
[4] 文渊阁《四库全书》子部儒家类《荀子》卷十九。

杨倞注："檃栝，矫燥木之器也。言置诸檃栝，或三月，或五月也。帱菜，未详。或曰：菜读为灾，谓毂舆辐也。言矫燥直木为牙，至于毂辐皆敝，而规曲不反其初，所谓三材不失职也。《周礼·考工记》曰：'望其毂，欲其眼也。进而视之，欲具帱之廉也。'郑云：'帱，冒毂之革也。革急则木廉隅见，《考工记》又曰：'察其灾蚤不齵，则轮虽敝不匡。'郑云：'灾谓辐入毂中者。蚤读为爪。谓辐入牙中者也。匡，剌也。'《晏子春秋》曰：'今夫车轮，山之直木也。良匠燥之，其圆中规，虽有槁暴，不复赢矣。'"[1]

《荀子·法行》篇还有：

> 南郭惠子问于子贡曰："夫子之门，何其杂也？"子贡曰："君子正身以俟，欲来者不距，欲去者不止。且夫良医之门多病人，檃栝之侧多枉木，是以杂也。"[2]

杨倞注认为："檃栝，正曲木之木也"，"矫燥木之器也"。《说文·木部》："檃，栝也。从木，隐省声"，"栝，檃也。从楷声。"[3] 徐锴《系传》："檃，即正邪曲之器也。"[4] 段玉裁（1738—1815）《说文解字注》："檃亦作㮯"，"檃栝者，矫制邪曲之器也"，"檃与栝互训。"[5] 王筠《句读》："古书多檃栝连言，许君则二字转注，以见其

[1] 王天海：《荀子校释》，第 1082—1083 页。
[2] 文渊阁《四库全书》子部儒家类《荀子》卷二十。
[3] 文渊阁《四库全书》经部小学类字书之属《说文解字》卷六上。
[4] 文渊阁《四库全书》经部小学类韵书之属《古今韵会举要》卷二十一。
[5] 段玉裁：《说文解字注》六篇上，上海古籍出版社 1981 年版，第 264 页。

为一事而两名，群书连用之为复语也。《增韵》曰：'揉曲者曰檃，正方者曰栝。'分为两义，盖非许意也。"[1] 由此可知，"檃栝"复词同义，"檃"是"栝"，"栝"也是"檃"，它们都是矫正竹木弯曲的器具，依杨倞说，当为木头所制，所以两字都从木。不过，它们也还有别的写法。

《荀子·非相》篇：

> 善者于是间也，亦必远举而不缪，近世而不佣，与时迁徙，与世偃仰，缓急赢绌，府然若渠堰檃栝之于已也。

杨倞注："檃栝，所以制木。"[2] 此"所以制木"之"檃栝"，无疑就是《荀子》上文"正曲木之木也""矫燥木之器也"之"檃栝"，只是"栝"写作了"括"。

《淮南子·修务训》：

> 木直中绳，揉以为轮，其曲中规，檃括之力[3]。

"檃括之力"即"檃栝之力"。这里"檃栝"也被写成"檃括"。

葛洪《抱朴子·酒诫》：

---

[1] 王筠：《说文解字句读》卷十一，《续修四库全书》第 217 册，第 444 页。
[2] 文渊阁《四库全书》子部儒家类《荀子》卷三。
[3] 文渊阁《四库全书》子部杂家类杂学之属《淮南鸿烈解》卷十九。

是以智者严檃括于性理，不肆神以逐物[1]。

刘勰《文心雕龙·熔裁》：

蹊要所司，职在镕裁，檃括情理，矫揉文采也。"[2]

这里的"檃括"，都应读为"檃栝"。"严檃括于性理"，即对于"性理"要严格规范。"檃括情理"与"矫揉文采"相对，"檃括"即"矫揉"，也是规范的意思。

文献中更多的则是将"檃栝"写作"隐括"。如《说苑·杂言》：

东郭子惠问于子贡曰："夫子之门何其杂也？"子贡曰："夫隐括之旁多枉木，良医之门多疾人，砥砺之旁多顽钝。夫子修道以俟天下，来者不止，是以杂也。"[3]

此条记载亦见于上举《荀子·法行》，只不过将"檃栝"写作了"隐括"。

《韩非子·显学》：

夫必恃自直之箭，百世无矢；恃自圜之木，千世无

---

[1] 文渊阁《四库全书》子部道家类《抱朴子内外篇·外篇》卷二。
[2] 文渊阁《四库全书》集部诗文评类《文心雕龙》卷七。
[3] 文渊阁《四库全书》子部儒家类《说苑》卷十七。

轮矣。自直之箭、自圜之木，百世无有一；然而世皆乘车射禽者，何也？隐括之道用也。虽有不恃隐括，而有自直之箭、自圜之木，良工弗贵也，何者？乘者非一人，射者非一发也[1]。

又见于《韩非子·难势》：

夫弃隐括之法，去度量之数，使奚仲为车，不能成一轮[2]。

《韩非子》这里的三处"隐括"，显然就是《荀子》书中屡见之"檃栝"。

《大戴礼记·卫将军文子》：

外宽而内直，自设于隐栝之中，直己而不直于人，以善存，亡汲汲，盖蘧伯玉之行也[3]。

同是这一段话，"隐栝"《韩诗外传》卷第二作"隐括"[4]，《孔子家语·弟子行》亦作"隐括"[5]，《尸子·劝学》则作"檃括"[6]。

[1] 文渊阁《四库全书》子部法家类《韩非子》卷十九。
[2] 文渊阁《四库全书》子部法家类《韩非子》卷十七。
[3] 文渊阁《四库全书》经部礼类礼记之属《大戴礼记》卷六。
[4] 文渊阁《四库全书》经部诗类《韩诗外传》卷二。
[5] 文渊阁《四库全书》子部儒家类《孔子家语》卷三。
[6] 汪继培辑校：《尸子》卷上，《续修四库全书》第1121册，第276页。

孔广森《补注》:"揉曲者曰隐,正方者曰栝。"[1] 王聘珍《解诂》:"隐读为檃。"[2] 这里的"隐栝",读为"檃栝",犹如"规矩"。

《韩诗外传》卷第一:

> 磏仁虽下,然圣人不废者,匡民隐括,有在是中者也[3]。

此"隐括"即"檃栝",所以屈守元《笺疏》云:"以喻法制。"[4]"匡民隐括"就是以"檃栝"匡正百姓,"檃栝"之义也相当于"规矩"。

《鬼谷子·飞箝》第五:

> 凡度权量能,所以征远来近。立势而制事,必先察同异,别是非之语,见内外之辞,知有无之数,决安危之计,定亲疏之事,然后乃权量之。其有隐括,乃可征,乃可求,乃可用[5]。

许富宏注:"隐括,也作檃括、檃栝、檃。原指矫正竹木弯曲的工具……这里指对同异、是非、内外、有无加以剪裁或修改。"[6]按:此"隐括"义亦为规矩,本字亦当为"檃栝"。

---

[1] 孔广森:《大戴礼记补注》,《续修四库全书》第 107 册,上海古籍出版社 1995 年版,第 561 页。
[2] 王聘珍:《大戴礼记解诂》,中华书局 1983 年版,第 115 页。
[3] 文渊阁《四库全书》经部诗类《韩诗外传》卷一。
[4] 屈守元:《韩诗外传笺疏》卷第一,巴蜀书社 1996 年版,第 88 页。
[5] 文渊阁《四库全书》子部杂家类杂学之属《鬼谷子》。
[6] 许富宏:《鬼谷子集校集注》,中华书局 2008 年版,第 78 页。

《盐铁论·申韩》：

> 故设明法，陈严刑，防非矫邪，若隐括辅檠之正剌也。

王利器校注："'隐括'，张之象本、沈延铨本、金蟠本作'檃栝'，张之象注曰：'檃，揉曲者也。栝，正方者也。辅檠，辅正弓弩者也。觚剌[1]，弓之不正者也。《荀子》曰：'不得排檠，则不能自正（《性恶篇》）。'"[2]此用来"正剌"之"隐括"，也当是《荀子》书所谓"檃栝"，其与"辅檠"一样，都是矫正之器。

又《盐铁论·大论》：

> 俗非唐、虞之时，而世非许由之民，而欲废法以治，是犹不用隐括斧斤，欲挠曲直枉也[3]。

此"隐括"与"斧斤"一样，是"挠曲直枉"的工具，也当作"檃栝"。

蔡邕《郭有道林宗碑》：

> 贞固足以干事，隐括足以矫时[4]。

---

[1] 觚（kuā），歪邪。《文选·张衡〈南都赋〉》："方今天地之睢剌帝乱其政，豺虎肆虐，真人革命之秋也。"李善注："睢剌，喻祸乱也……王逸曰：'剌，邪也。'"
[2] 王利器：《盐铁论校注》（定本）卷第十，中华书局1992年版，第580、583页。
[3] 文渊阁《四库全书》子部儒家类《盐铁论》卷十二。
[4] 文渊阁《四库全书》集部别集类汉至五代《蔡中郎集》卷五。

能够矫正时弊的"隐括"，本字显然当作"檃栝"。

董逌《广川书跋·蔡邕石经》：

> 独蔡邕镌刻七经，著于石碑，有所检据，隐括其失[1]。

"隐括其失"，即矫正其错误。此"隐括"当为"檃栝"，名词作动词用，遂有矫正规正之义。

何休《〈春秋公羊传〉序》：

> 往者略依胡母生条例，多得其正，故遂隐括使就绳墨焉[2]。

此"隐括"是"规正"的意思，指规正错误使之符合规定，其本字当作"檃栝"。

《颜氏家训·书证》：

> 吾尝笑许纯儒，不达文章之体，如此之流，不足凭信。大抵服其为书，隐括有条例，剖析穷根源，郑玄注书，往往引以为证；若不信其说，则冥冥不知一点一画，有何意焉[3]。

---

[1] 文渊阁《四库全书》子部艺术类书画之属《广川书跋》卷五。
[2] 文渊阁《四库全书》集部别集类汉至五代《蔡中郎集》卷五。
[3] 王利器：《颜氏家训集解》（增补本）卷第六，中华书局1993年版，第509—510页。

宋孙奕《示儿编》引此段话，"隐括"就写作"櫽括"[1]。

除"隐括"之说外，文献习见中"隐揉""隐审""隐实""隐核"的"隐"也都是"櫽"的借字。

如《晏子春秋·内篇杂上》：

> 今夫车轮，山之直木也，良匠揉之，其圆中规，虽有槁暴，不复赢矣，故君子慎隐揉。

吴则虞集释："孙星衍（1753—1818）云：《荀子·大略篇》'君子之櫽括，不可不谨也。慎之'，'隐'与'櫽'通，谓櫽括。"[2] 王弘治引《汉书·公孙弘传》："臣闻揉曲木者不累日。"颜师古注："揉谓矫而正之也。"认为"隐揉"不是一个联绵词，而"隐"也可以单独使用表示"矫正"的意思[3]。其说是。

《后汉书·安帝纪》：

> 刺史举所部，郡国太守相举墨绶，隐亲悉心，勿取浮华。

李贤注："隐亲犹亲自隐也；悉，尽也。言令三公以下各举所知，皆隐审尽心，勿取浮华不实者。"[4] 按："隐审"复词同义，"隐"即"审"，也就是审查、检查。故李贤注以"隐审"释"隐"。《旧唐书·食货志》：

[1] 文渊阁《四库全书》子部杂家类杂说之属《示儿编》卷二十二。
[2] 吴则虞：《晏子春秋集释》卷第五，中华书局1992年版，第347、349页。
[3] 王弘治：《〈论语〉"亲亲相隐"章重读》，《浙江学刊》2007年第1期。
[4] 文渊阁《四库全书》史部正史类《后汉书》卷五。

"开元中，有御史宇文融献策，括籍外剩田、色役伪滥，及逃户许归首，免五年征赋。每丁量税一千五百钱，置摄御史，分路捡括隐审。得户八十余万田。"[1]"隐审"与"捡括"并列，都是稽查的意思。这里的"隐"实际都是"𤎩"的借字。

《后汉书·孔融传》：

> 辟司徒杨赐府。时隐覈官僚之贪浊者，将加贬黜，融多举中官亲族[2]。

《晋书·张辅传》：

> 故述辩士则辞藻华靡，叙实录则隐核名检，此所以迁称良史也[3]。

"隐覈""隐核"都是审核、校核的意思，这里的"隐"也当读为"𤎩"。

《晋书·宣帝纪》：

> 时边郡新附，多无户名，魏朝欲加隐实[4]。

---

[1] 文渊阁《四库全书》史部正史类《旧唐书》卷四十八。
[2] 文渊阁《四库全书》史部正史类《后汉书》卷一百。
[3] 文渊阁《四库全书》史部正史类《晋书》卷六十。
[4] 文渊阁《四库全书》史部正史类《晋书》卷一。

又《晋书·庾冰传》：

又隐实户口，料出无名万余人，以充军实[1]。

此"隐"与"核"同义，"实"也即"核"，"隐实"也是"隐核"。这种审核、核实意义上的"隐实"，"隐"本字就是"檃"。

《尔雅·释言》："殷、齐，中也。"徐朝华今注："'殷'，通'隐（yǐn）'。'隐'，隐栝，矫揉弯曲的竹木等使之平直或成形的器具。引申为正，居中。"[2] 这是说，"隐"即"檃栝"，本是名词，是"矫揉弯曲的竹木等使之平直或成形的器具"，引申为动词，就有"正"，使不直者直，使不正者正，也就是矫正、规正、纠正的意思。

《尔雅·释言》又说："隐，占也。"郭璞（276—324）注："隐，度。"[3]《广雅·释诂一》也说："隐，度也。"[4] 所谓"度"，就是审度。这里指用"檃栝"去审核规正。

《书·盘庚下》："邦伯师长，百执事之人，尚皆隐哉。"郑玄注："言当庶几相隐括共为善政。"孔颖达疏："隐谓隐审也。"[5] 这里的"隐"，《熹平石经》作"乘"。孙星衍《今古文注疏》：《周礼》"槁人"郑众注及"宰夫"，郑玄注都云"乘，计也"，以为"言当计度之，

---

[1] 文渊阁《四库全书》史部正史类《晋书》卷七十三。
[2] 徐朝华《尔雅今注》，南开大学出版社 1994 年修订版，第 77 页。
[3] 文渊阁《四库全书》经部小学类训诂之属《尔雅注疏》卷二。
[4] 文渊阁《四库全书》经部小学类训诂之属《广雅》卷一。
[5] 文渊阁《四库全书》经部书类《尚书注疏》卷八。

亦犹云隐度也"[1]。所谓"计"即"审",也就是审度。郑玄注以"隐括"释"尚皆隐哉"之"隐",说明此当本于用"檃栝"来规范之义。盘庚这是希望"邦伯师长,百执事之人"都要能用"檃栝"来规正自己,都要能遵守规范。

《管子·禁藏》:"是故君子上观绝理者以自恐也,下观不及者以自隐也。"尹知章注:"隐,度也,度己有不及之事当效之也。"[2] 姜涛注:"自隐:自我纠正。隐,借为'概',校正用的木板,引申为纠正。"[3] 其说是,不过这里的"隐"并非"概"的借字,而是"檃"的借字。

东汉崔子玉《座右铭》:

> 世誉不足慕,唯仁为纪纲。隐心而后动,谤议庸何伤?

李善(630—689)注:"刘熙《孟子注》曰:'隐,度也。'《周易》曰:'君子安其身而后动,易其心而后语。'《吕氏春秋》曰:'内反于心不怍,然后动也。'"[4] 案:"隐"当训为正、规正。"隐心而后动",即"正心而后动"。以什么"正心"呢?自然是"檃栝"。所以,这里的"隐"也当读为"檃"。

"檃"本为"正曲木之木""正邪曲之器",其为木质,故字从

---

[1] 孙星衍:《尚书今古文注疏》,中华书局1986年版,第240页。
[2] 文渊阁《四库全书》子部法家类《管子》卷十七。
[3] 姜涛:《管子新注》,齐鲁书社2006年版,第386页。
[4] 文渊阁《四库全书》集部总集类《文选注》卷五十六。

木。名词作动词，"隳"遂有规正、矫正、纠正之义。这一意义上的"隳"，古人常写作"隐"，训为"度"。所谓"度"，也就是规范。《左传·昭公三年》："公室无度。"韦昭（204—273）注："无法度。"[1]《后汉书·清河王孝传》："蒜为人严重，动止有度。"[2]这些都是明证。《尔雅》郭璞注与《广雅·释诂一》训"隐"为"度"，是从"隳栝"的规范、规正之义而言的，引申就有了审核义了。所以，文献习见中的"隐括""隐揉""隐审""隐实""隐覈""隐核""隐度"之"隐"都当读为"隳"，不是训为规正、矫正，就当训为检核、审核。

由此可知，将《论语·子路》篇的"父为子隐，子为父隐"读为"父为子隳，子为父隳"，训为"父亲要替儿子矫正错误，儿子也要替父亲矫正错误"，从古汉语的语言学规律看，是完全可能的，并不值得大惊小怪。

二、义理的证明

《论语·子路》篇"父为子隐，子为父隐"章之"隐"之所以不能训为隐匿、隐瞒，是由其义理，也就是孔子思想的内在逻辑所决定的。

首先，从《论语》此章上下文的文义看，孔子与叶公讨论的是何者为"直"的问题。叶公语孔子曰："吾党有直躬者，其父攘羊，而子证之。"叶公是以矛盾上交似的对外举证为"直"。孔子曰："吾

---

[1] 文渊阁《四库全书》经部春秋类《春秋左传注疏》卷四十二。
[2] 文渊阁《四库全书》史部正史类《后汉书》卷八十五。

党之直者异于是。父为子隐，子为父隐，直在其中矣。"而孔子则以家庭内部的互相规正错误为"直"。两者都是"隐（讔）"，都是矫正错误，规正错误，目的相同，所以都能称为"直"。但两人手段不一，方法不同，此"直"不同于彼"直"：叶公之"党"以对外举"证"，以告官的方式解决"攘羊"的问题；孔子之"党"则以"隐（讔）"，以家庭成员内部互相规正解决"攘羊"的问题。如果"父为子隐，子为父隐"是父子相互隐匿错误的话，孔子还称之为"直"，以为"直在其中矣"，那就是以不直为直，以不正为正。这就绝不是"直"，而只能说是"曲"了。所以，从《论语》此章的上下文看，"父为子隐，子为父隐"之"隐"只能为"讔"，绝不能训为隐匿。

其次，除此章外，《论语》关于孔子的记载中并没有"匿过"说，更没有相互包庇错误说；相反，多见的则是改过说。如《论语·学而》篇：

> 子曰："君子不重则不威，学则不固。主忠信，无友不如己者，过则勿惮改。"[1]

"主忠信"三句，又见于《论语·子罕》篇"子曰"，可见这是孔子经常说的话。"过则勿惮改"，就是说要勇于改过，不要害怕改正错误。

---

[1] 文渊阁《四库全书》经部四书类《论语注疏》卷一。

《论语·卫灵公》篇又载：

> 子曰："过而不改，是谓过矣！"[1]

这是从反面讲不改过之害。可见对于"过"，孔子主张的是"改"，反对的是"不改"。

《论语·述而》篇还有：

> 子曰："德之不修，学之不讲，闻义不能徙，不善不能改，是吾忧也。"
> 子曰："三人行，必有我师焉！择其善者而从之，其不善者而改之。"[2]

"不善者"也是"过"，也是错误，孔子强调的是"改之"，其担"忧"的是"不能改"。《论语·学而》篇孔子所说的"就有道而正焉"[3]，"正"是"匡正"，是用"有道"匡正自己的"不善"，其意与"择其善者而从之，其不善者而改之"同。

孔子对待错误的这种态度，其弟子深受影响。《论语·子张》篇载：

> 子夏曰："小人之过也必文。"[4]

---

[1] 文渊阁《四库全书》经部四书类《论语注疏》卷十五。
[2] 文渊阁《四库全书》经部四书类《论语注疏》卷七。
[3] 文渊阁《四库全书》经部四书类《论语注疏》卷一。
[4] 文渊阁《四库全书》经部四书类《论语注疏》卷十九。

子夏认为小人犯了错误一定会加以掩饰,"文"实质就是隐瞒,这是"小人"而非君子之为。这是子夏的话,也可以说代表了孔子的思想。正因为孔子不掩饰错误,勇于改过,所以子贡称赞自己的老师:

> 君子之过也,如日月之食焉:过也,人皆见之;更也,人皆仰之[1]。

"更"就是"改","君子"勇于改过,"人皆仰之",而非鄙视。孔子勇于改过的思想和行为,可谓深入其弟子之心。从《论语》的这些记载看,说孔子主张父子相互隐匿错误,不是视孔子为小人,就是"以小人之心度君子之腹"。

孔子不主张父子相互隐匿错误,在其他的早期文献里也能得到证明。《左传·昭公十四年》云:

> 仲尼曰:"叔向,古之遗直也。治国制刑,不隐于亲,三数叔鱼之恶,不为末减。曰义也夫,可谓直矣!"[2]

叔向是春秋晋国的贤大夫,叔鱼为其弟。叔鱼卖狱,当权的韩起征求叔向的意见,叔向在"义"与"亲"的选择面前选择了"义",结果"不隐于亲,三数叔鱼之恶,不为末减"[3],孔子赞之为"古之

---

[1]文渊阁《四库全书》经部四书类《论语注疏》卷十九。
[2]文渊阁《四库全书》经部春秋类《春秋左传注疏》卷四十七。
[3]杜预注:"末,薄也;减,轻也。"

遗直"。孔子既然许叔向"不隐于亲"为"直"，又岂能以父子之间隐匿错误为"直"？

《孝经》还有：

> 子曰："……父有争子，则身不陷于不义。故当不义，则子不可以不争于父。"[1]

《荀子·子道》也说：

> 孔子曰："父有争子，不行无礼。"[2]

正因为"父为子隐，子为父隐"是父子相互规正、矫正错误，所以孔子才肯定"争子"，才强调"当不义，则子不可以不争于父"。如果"父为子隐，子为父隐"是父子相互隐匿错误，"争子"说又从何说起？

先秦儒家向来主张家国同构。《礼记·大学》云：

> 古之欲明明德于天下者，先治其国；欲治其国者，先齐其家……家齐而后国治，国治而后天下平。[3]

正因为"家齐而后国治，国治而后天下平"，所以"欲明明德

---

[1] 文渊阁《四库全书》经部孝经类《孝经注疏》卷七。
[2] 文渊阁《四库全书》子部儒家类《荀子》卷二十。
[3] 文渊阁《四库全书》经部礼类礼记之属《礼记注疏》卷六十。

于天下"者,就要"先治其国","欲治其国者",就要"先齐其家"。原因就是"天下国家,本同一体",家与国是同构的,治国与治家,道理是一样的。这一理论,实质也代表了孔子的思想,是孔子学说的基石。

《论语·为政》篇有载:

> 或谓孔子曰:"子奚不为政。"子曰:"《书》云:'孝乎惟孝,友于兄弟,施于有政。'是亦为政,奚其为为政?"[1]

孔子认为在家讲"孝悌(弟)",就是"为政"。因为家之孝子,才能是国之忠臣。在家不孝,在朝就会不忠。其弟子有子亦说:

> 其为人也孝弟而好犯上者,鲜矣!不好犯上,而好作乱者,未之有也。君子务本,本立而道生。孝弟也者,其为仁之本与![2]

"孝悌"是"为仁之本",也是"为政"之本,"君子务本","为政"就当从"孝悌"始。后来孟子就概括为"尧舜之道,孝弟而已矣"[3],认为尧舜的"仁政",本

---

[1]文渊阁《四库全书》经部四书类《论语注疏》卷二。

[2]文渊阁《四库全书》经部四书类《论语注疏》卷一。

[3]文渊阁《四库全书》经部四书类《孟子注疏》卷十二上。

质上就是"孝悌"的推衍。所以，从孔子到有子，从孟子到《大学》，都认为治国与治家同，家国一体，并无二理。这是以孔子为代表的先秦儒家的主流认识。

但是，如果《论语》"父为子隐，子为父隐"讲的是家庭里父子相互隐匿错误，那推衍到国家政治层面，君臣之间也就可以相互包庇，相互隐恶了。出现了问题，发生了错误，从家庭到国家，从父子到君臣，不是积极地想着怎样去解决，怎样去改正，而只是消极地、一味地去隐匿错误，掩盖问题。这虽然照顾到了人情，但又置社会的公平、政治的理性于何地？所以，从归谬法可知，将《论语》的"父为子隐，子为父隐"讲成父子相互隐匿错误，只顾亲情而罔顾大义，是完全不能成立的。

将《论语》"父为子隐，子为父隐"讲成父子相互隐匿错误，从逻辑上看，是陷入了一厢情愿的两难推理。因为父亲偷了人家的羊，并非只有告官和隐瞒两种选择。告官是顾及了公义而不管亲情，隐瞒则是只顾亲情而罔顾公义，这两者皆非最好的选择。事实上，面对父亲偷羊的问题，完全有第三种选择，还可以有另外的解决方案。这就是儿子可以规劝父亲，将偷来的羊给人家退回去，向人家赔礼道歉。如果人家不满意，儿子可以代父亲赔偿，可以出更高的价格，做好人家的工作。"亡羊补牢，犹未为晚"，身为人子，这样做既能不犯包庇罪，又能不伤害父亲的感情，何乐不为？所以，置合情合理的解决之道不顾，将"父为子隐，子为父隐"看成是父子相互隐匿错误，可以说是陷入了两难推理的误区，自陷于险境。

现代学者多认为，儒家是亲亲为上、血缘亲情至上主义者，孔子也是如此[1]。"父子有亲""其父攘羊"，其子就只能为父隐瞒，否则，就是不孝。这其实是对孔子思想的误读。《论语·为政》篇载：

> 孟懿子问孝。子曰："无违。"樊迟御，子告之曰："孟孙问孝于我，我对曰：'无违。'"樊迟曰："何谓也？"子曰："生，事之以礼；死，葬之以礼，祭之以礼。"[2]

孔子认为"孝"之"无违"并非无条件地从父，而是"生，事之以礼；死，葬之以礼，祭之以礼"。要以守礼为前提。用《论语·颜渊》篇的"子曰"来说，就是"父父、子子"[3]，父亲要像个父亲的样子，儿子要像个儿子的样子。换言之，当父亲不像个父亲的样子时，儿子是不能"无违"的，这就叫作"君子成人之美，不成人之恶"[4]。"父攘羊"属于父的无礼，是"父不父"，子为父隐瞒，就是"成人之恶"了，孔子怎能同意？所以，在社会公理和父子私情之间，孔子无疑是以父子私情服从于社会公理，不会因私而废公。

---

[1] 比如刘清平就认为孔子"坚持把'血亲情理'作为本根至上的基本精神"，见刘氏著：《论孔孟儒学的血亲团体性特征》，郭齐勇主编：《儒家伦理争鸣集——以"亲亲互隐"为中心》，湖北教育出版社2004年版，第853页。
[2] 文渊阁《四库全书》经部四书类《论语注疏》卷二。
[3] 文渊阁《四库全书》经部四书类《论语注疏》卷十二。
[4] 文渊阁《四库全书》经部四书类《论语注疏》卷十二。

荀子的记载则更清楚。其《荀子·子道》篇云：

> 鲁哀公问于孔子曰："子从父命，孝乎？臣从君命，贞乎？"三问，孔子不对。孔子趋出，以语子贡曰："乡者君问丘也，曰：'子从父命，孝乎？臣从君命，贞乎？'三问而丘不对，赐以为何如？"子贡曰："子从父命，孝矣；臣从君命，贞矣。夫子有奚对焉？"孔子曰："小人哉！赐不识也。昔万乘之国，有争臣四人，则封疆不削；千乘之国，有争臣三人，则社稷不危；百乘之家，有争臣二人，则宗庙不毁。父有争子，不行无礼；士有争友，不为不义。故子从父，奚子孝？臣从君，奚臣贞？审其所以从之之谓孝、之谓贞也。"[1]

孔子认为不能简单地说"子从父命，孝矣"，应该是"审其所以从之之谓孝"，用《论语·阳货》篇的"子曰"来说，就是"君子义以为上"[2]，"孝"要以"义"为基准。荀子因而说：

> 入孝出弟，人之小行也；上顺下笃，人之中行也；从道不从君，从义不从父，人之大行也[3]。

孝悌、顺笃比起道义来，有小道理与大道理之别。道义作为社会公理来说，要高于父子私情。所以，当道义与父子私情发生矛盾时，

---

[1] 文渊阁《四库全书》子部儒家类《荀子》卷二十。
[2] 文渊阁《四库全书》经部四书类《论语注疏》卷十七。
[3] 文渊阁《四库全书》子部儒家类《荀子》卷二十。

就应该"从义不从父",而不是为孝而背义。这是荀子的意见,更是以孔子为代表的先秦儒家的主流看法。所以,孔子为代表的先秦儒家虽然重视亲情、强调亲亲,但他们并非血缘至上主义者,他们基于家庭伦理讲社会公德,基于"父子有亲"讲"君臣有义"。但真正到社会公德与父子私情有违时,他们还是能分清大是大非的,这就是"不成人之恶""从义不从父"。用《左传》"君子曰"来说,也就是"大义灭亲"[1]。从这一理论看,"其父攘羊",孔子是不会主张子为父隐匿的,隐匿就是"成人之恶",是为"小行"牺牲"大行"。从"父子有亲"出发,儿子替父亲解决问题,只能"子为父隐(隐)",规正父亲,为父亲矫正错误而不是掩饰错误,这才是根本的解决之道。互相包庇、隐瞒错误,为私情而废道义,是小人之为而非君子之行也。

退一万步说,即使可以子为父隐匿错误,也不能父为子隐匿错误。父母替子女隐匿错误,不论古今,都是不明智的。有一个家喻户晓的故事,说的是一人因偷窃而被判处死刑,临死前要求见母亲一面,吃一口母亲的奶。"人之将死,其言也善",典刑官就答应了。结果死刑犯借吃奶之机,一口就把其母咬死了。问他为何临死还要咬死自己的母亲,死刑犯说他小时候偷邻居的小东西,他母亲发现后包庇了他,以致后来他胆子越来越大,偷的东西价值也越来越高,直至被判处死刑。他认为他小时候开始偷小东西时,如果母亲不包庇他,他就不会落到今天这步田地。所以他最恨他母亲,临死还要

---

[1] 文渊阁《四库全书》经部春秋类《春秋左传注疏》卷二。

报复她。这一故事告诉我们，子女犯错误，父母万万不能包庇隐瞒。孔子作为圣人，作为智者，能主张父为子隐匿错误吗？所以，"父为子隐"的"隐"绝不是"隐匿"，"子为父隐"的"隐"也同样，非常明显。

三、《内礼》篇的问题

吾友梁涛最近著文，以新近出土的简帛材料来阐释《论语》"父为子隐，子为父隐"章之义，颇有特色。梁文说：

> 2004 年公布的《上海博物馆藏楚竹书（四）》中，有《内礼》一篇说："君子事父母，亡私乐，亡私忧。父母所乐乐之，父母所忧忧之。善则从之，不善则止之；止之而不可，隐而任之，如从己起。"（第六、八简）面对父母的"不善"之行，《内礼》主张"止之"。
>
> 问题是，当子女的谏诤不被父母接受时，又该如何实现直道？又该如何兼顾情理两个方面呢？《内礼》的回答是"隐而任之"，任，当也，即为父母隐匿而自己将责任担当下来。故根据儒家的观点，直躬的根本错误在于当发现父亲攘羊后，不是为其隐瞒而是主动告发，正确的态度则应是，替父亲隐瞒而自己承担责任，承认是自己顺手牵羊。
>
> 所以，为全面反映孔子、儒家思想起见，"亲亲相隐"

章应根据《内礼》的内容补充一句：隐而任之，则直道也[1]。

梁的文能运用新材料来讨论《论语》"子为父隐"问题，可谓别出心裁。但是，其解释不但重走"隐"为隐匿的老路，还提出儿子当替父亲"承担责任，承认是自己顺手牵羊"新说，实在是难以服人。

《上海博物馆藏楚竹书（四）·内礼》篇简六所谓"隐而任"之"隐"，原作"𢝢"，整理者隶作"𢝢"，注："𢝢"，从㥯、从心。"㥯"为"邻"，……字从心可读为"怜"。"怜"，《尔雅·释诂下》："怜，爱也。"[2]《上海博物馆藏战国楚竹书（一）·孔子诗论》篇简一"诗亡隐志，乐亡隐情，文亡隐意"之"隐"字，李学勤先生读为"隐"。[3]笔者曾据此认为简文此处"隐"读"隐"比读"怜"更文从字顺。[4]这一意见现在看来是错误的。我曾经著文讨论过：《孔子诗论》简一的"隐"当读为"忞"，训为混乱。"诗亡隐志，乐亡隐情，文亡隐意"当读为"诗无忞志，乐无忞情，文无忞意"，是说诗不能有昏乱之志，乐不能有昏乱之情，文不能有昏乱之意[5]。因此，将《内礼》篇简六"𢝢"读为"隐"，在出土文献里难以得到支持。

[1] 梁涛：《"亲亲相隐"与"隐而任之"》，《哲学研究》2012年第12期。按：引文有删节。
[2] 马承源主编：《上海博物馆藏楚竹书（四）》，上海古籍出版社2004年版，第77、225页。
[3] 李学勤：《上海博物馆〈诗论〉简"隐"字说》，《简帛学研究》2002年00期。
[4] 廖名春：《读楚竹书内〈豊篇〉札记（一）》，"简帛研究网"2005年2月20日。
[5] 廖名春：《楚竹书〈诗论〉一号简"隐"字新释》，《古文字研究》第27辑，中华书局2008年版。

《内礼》篇简六、简七原释文作："君子事父母，无私乐，无私忧。父母所乐，乐之；父母所忧，忧之。善则从之，不善则止之。止之而不可，罴（怜）而任不可。虽致于死，从之。孝而不谏，不成（孝；谏而不从，亦不成孝）。"[1] 原整理者将简六与简七连读，就有"罴（怜）而任不可"之句。但魏宜辉却认为简六与简八似可相缀连，"君子事父母，……善则从之，不善则止之。止之而不可，怜而任之，如从己起。"这与《大戴礼记·曾子事父母》中的"父母之行，若中道则从，若不中道则谏，谏而不用，行之如由己"十分相近。简文中的"如从己起"与"行之如由己"应是一致的[2]。董珊也接受了这一意见[3]。

其实，魏宜辉的编连是错误的。简六与简七的主题是讲向父母进谏的问题，简八以后则是以"父母生病时的礼数为主题"，如果以简八接简六，简七的内容就无法安置了。林素清、福田哲之对此已经做了充分的研究[4]，我们可以参看。

由此看简文"善则从之，不善则止之。止之而不可，而任不可。虽致于死，从之"，"罴"还是从原释文读为"怜"，训为爱好。"罴"字从"厽"得声，读为"邻"文献习见，而读"隐"，则很难找到先例。

[1] 马承源主编：《上海博物馆藏楚竹书（四）》，第224—225页。按：释文稍有改动。
[2] 魏宜辉：《读〈上博楚简四〉礼记》，"孔子2000网"2005年3月5日。
[3] 董珊：《读〈上博楚战国楚竹书（四）〉杂记》，"简帛研究网"2005年2月20日。
[4] 林素清：《〈上博楚简四·内礼〉篇重探》，《简帛》第1辑，上海古籍出版社2006年版，第153—160页；福田哲之：《上博楚简〈内礼〉的文献性质——以与〈大戴礼记〉之〈曾子立孝〉〈曾子事父母〉比较为中心》，《简帛》第1辑，第161—275页。

从文义来看，简文是说"君子事父母"，不是一味地无原则的"无违"，而是"善则从之，不善则止之"，父母的意见对，就听父母的；父母的意见不对，就要劝阻他们。"止之而不可，嫠而任不可"，是说如果父母不听劝阻，就要出于对父母的爱承担父母犯下的错。"虽致于死，从之"，哪怕有牺牲的危险，也要负责到底。"止之而不可"是说提意见制止，但制止不了，"不可"即"不能"。"任不可"，指对这种，不能制止父母犯错负责。"嫠"不是"隐"，因为隐瞒解决不了父母"不善"的问题。读为"怜"，训为爱是说父母"不善"而子女不能制止时，子女当出于对父母的爱替父母承担责任。所以，从简文的文义看，"嫠而任不可"与子女为父母隐瞒错误并没有什么关系，以此来印证《论语》"子为父隐"之"隐"为隐匿说，只能说是误读。

至于将简文"任不可"补入《论语》"子为父隐"章中，说儿子不但要"替父亲隐瞒"，而且要"自己承担责任，承认是自己顺手牵羊"，这就好心好过了头。纵然"父子有亲"，感情深厚，但也不能指鹿为马，颠倒黑白。感情总得服从理性。自己没有偷羊，替父亲承担责任，承认是自己顺手牵羊，这样做后"其父攘羊"的错误解决了吗？并没有解决，反而犯下更大的错误，违反了做人的基本原则——诚信。所以，梁兄此说是好心办坏事，实在是个馊点子。其实，笔者上文已经说得很清楚，"子为父隐"是"子为父隐（檃）"，儿子替父亲矫正错误。矫正"其父攘羊"的错误而又不过分伤害其父的办法有多种，隐瞒显然不在其列，儿子替父亲顶罪则更不在其列，而且是较之"告官"（"证之"）更坏的办法。因为"告官"固然伤感情但也不违反诚信原则，尽管方式方法有问题，但本质上还是"直"。而顶罪说是陷己于罪，就不仅仅是方式方法的问题了，而是有关做人底线的问题了。所以，将简文"任不可"补入《论语》"子为父隐"章，不仅是添"蛇足"，而且是糊涂。

附录:

"檠栝"一般为木材制作而成的纠正之器物。木质容易腐朽,不好保存。但考古发现也出土了铜制的"檠栝"。20 世纪 80 年代后期至 90 年代末,陕西省西安市文物保护考古所在汉代长安城东发掘了数百座汉墓,后出版了发掘报告《长安汉墓》。报告记载其中 3 座汉墓中出土了一种称为"铜构件"或"铜饰件"的小件铜器。这几件器物造型的共同之处在于长方形平面上有一至二道笔直的凹槽,而且在墓中都与弩机同出。研究者据此研究认为这便是当时的箭杆整直器,即文献中所谓的"檠栝"。其器物造型如下:

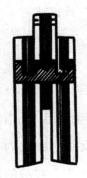 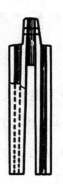 

秦末汉初社会战争频发,这几件汉墓出土的"檠栝"应当是应当时战争所需而制造的铜制器物。自然界少见直木,现实社会生活中对直木的需求很多,应当不只射箭用的箭杆需要"檠栝"。木制箭杆虽然没有在历来考古中被发现,但这几件铜制的"檠栝"为我们展示了当时社会中一般"檠栝"的具体模样[1]。

[1] 陈洪、李宇:《"檠栝"考论》,《考古与文物》2013 年第 1 期。

第三章　轻视妇女说

——"唯女子与小人为难养也"的误读

> "唯女子与小人为难养也"章的"女子与小人"是一
> 个偏正结构,"女子"是中心词,"与小人"则是后置定语,
> 是修饰、限定"女子"的。这里的"女子"不可能是全称,
> 只能是特称,特指那些"像小人一样"的"女子"。因此,
> 借此攻击孔子极端仇视妇女,"是女性的敌人"的说法可
> 以休矣。

《论语》一书中,孔子最为现代人所攻击的恐怕当属《论语·阳
货》篇的"唯女子与小人为难养也"章。人们一讲到孔子,就指斥
其"轻视妇女"。证据就是此章有云:"子曰:'唯女子与小人为难
养也,近之则不孙,远之则怨。'"[1] 不过,从宋代以来,权威的注
释却完全看不出孔子有"轻视妇女"的思想。了解《论语》此章的
真相,澄清这些不同诠释的是非曲直,关乎孔子思想与儒学的大本,
非常值得探讨。

---

[1] 文渊阁《四库全书》经部四书类《论语注疏》卷十七。

一、"女子"为全称说

汉以前的古注没有涉及"唯女子与小人为难养也"一句，但东汉人对此章的明引暗引却多有之。如安帝时司徒杨震（59—124）上疏：

> 《书》诫牝鸡牡鸣，《诗》刺哲妇丧国。昔郑严公从母氏之欲，恣骄弟之情，几至危国，然后加讨，《春秋》贬之，以为失教。夫女子小人，近之喜，远之怨，实为难养。《易》曰："无攸遂，在中馈。"言妇人不得与于政事也。宜速出阿母，令居外舍，断绝伯荣，莫使往来，令恩德两隆，上下俱美[1]。

汉灵帝时大鸿胪爰延（生年不详，大概卒于168—188年间）上封事：

> 昔宋闵公与强臣共博，列妇人于侧，积此无礼，以致大灾。武帝与幸臣李延年、韩嫣同卧起，尊爵重赐，情欲无厌，遂生骄淫之心，行不义之事，卒延年被戮，嫣伏其辜。夫爱之则不觉其过，恶之则不知其善，所以事多放滥，物情生怨。故王者赏人必酬其功，爵人必甄其德，善人同处则日闻嘉训，恶人从游则日生邪情。孔子曰："益者三友，损者三友。"邪臣惑君，乱妾危主，以非所言则

---

[1] 文渊阁《四库全书》集部总集类《东汉文纪》卷十一。

悦于耳，以非所行则玩于目，故令人君不能远之。仲尼曰：
"唯女子与小人为难养，近之则不孙，远之则怨。"盖圣人
之明戒也[1]。

荀悦（148—209）《前汉纪》也说：

　　夫内宠嬖近，阿保御竖之为乱，自古所患，故寻及之。
孔子曰："惟女子与小人为难养。"性不安于道，智不周于物，
其所以事上也，惟欲是从，惟利是务；饰便假之容，供耳
目之好，以姑息为忠，以苟容为智，以技巧为材，以佞谀
为美。而亲近于左右，玩习于朝夕，先意承旨，因间随隙，
以惑人主之心，求赡其私欲，虑不远图，不恤大事[2]。

爰延的引证，钟肇鹏（1925—2014）以为"这是古义，也是本
义"[3]。劳悦强则以为"杨震、爰延所说只能算是汉儒对'女子
与小人'章的一种特殊的文本以外的诠释，他们所指的'女子与小
人'乃针对汉代内廷实况而发"，"如果以此寻觅经典本义，就难
免缘木求鱼了"[4]。

引经据典，重点在用经而非释经。因此断章取义，文献习见。

[1] 文渊阁《四库全书》集部总集类《东汉文纪》卷十六。
[2] 文渊阁《四库全书》史部编年类《前汉纪》卷二十八。
[3] 钟肇鹏：《诠释古籍要实事求是》，《国际儒学研究》第15辑，九州出版社
2007年版，第224页。
[4] 劳悦强：《文本之外之诠释——论汉人说〈论语·唯女子与小人为难养章〉》，
第一届"文字文本文献国际学术研讨会"论文，台湾大学2009年10月9、10日。

以上的引证，"女子"虽多以姬妾、内宠为说，但也不能说在杨震、爰延、荀悦看来，《论语》此章的"女子"就只指姬妾、内宠，而不包括其他。相反，从杨震、爰延都称"妇人"来看，在他们的心目中，"女子"就是"妇人"，这是一般义，人人皆知。因此，不值得特别提出。这应该是汉以前古注都不解《论语》此章"女子"的原因。

现在能看到的最早的古注当属皇侃（488—545）的《论语集解义疏》（下文简称《义疏》），其云：

> 女子小人并禀阴闭气多，故其意浅促，所以难可养立也。近之则不逊者：此难养之事也。君子之人，人愈近，愈敬；而女子小人，近之则其承狎而为不逊从也。远之则有怨者：君子之交如水，亦相忘江湖；而女子小人，人若远之，则生怨恨，言人不接己也[1]。

"女子小人并禀阴闭气多"[2]，这是从秉性气质上分析"女子小人""难养"的原因。其"女子"并非特指，当属全称，是就所有的女子而言的。从皇侃注的下文来看，其"君子之人"与"女子小人"相对，"小人"是"缺德"者，"女子"也当是"缺德"者。

清儒戴望（1837—1873）也说：

---

[1] 文渊阁《四库全书》经部四书类《论语集解义疏》卷九。
[2] 这一段话如何断句，尚可讨论。

女子以形事人，小人以力事人，皆志不在义，故为"难养"[1]。

此"女子"与"小人"对举，当为全称无疑。

基于这一理解，鲁迅（1881—1936）辛辣地讽刺道：

女子与小人归在一类里，但不知道是否也包括了他的母亲[2]。

即使是对儒学抱有"同情之理解"的现代思想家李泽厚（1930—2021）也无奈地承认：

我以为这句话相当准确地描述了妇女性格的某些特征。对她们亲密，她们有时就过分随便，任意笑骂打闹。而稍一疏远，便埋怨不已。这种心理特征本身并无所谓好坏，只是由于性别差异产生的不同而已；应说它是心理学的某种事实。至于把"小人"与妇女连在一起，这很难说有什么道理。自原始社会后，对妇女不公具有普遍性，中国传统对妇女当然很不公平很不合理，孔学尤然[3]。

---

[1] 戴望：《戴氏注论语》二十卷，《续修四库全书》第157册，影印复旦大学图书馆藏清同治十年刻本。
[2] 鲁迅：《关于妇女的解放》，《鲁迅全集·南腔北调集》，人民文学出版社1973年版，第194页。
[3] 李泽厚：《论语今读》，第309页。

现代学者大部分都肯定：这一章表明孔子轻视妇女的思想。这是儒家一贯的思想主张，后来则演变为"男尊女卑""夫为妻纲"的男权主义。蔡尚思（1905—2008）更说："既认女子全是小人，就可想见男子全是君子了"，"孔丘的主观片面，竟到如此地步！"因而他认为孔子"是女性的敌人，男性的恩人"[1]。

二、"女子"为特称说

与现代学界的主流认识相反，古代的权威注释则多以《论语》此章"女子"为特称，否定其为全称。邢昺（932—1010）疏曰：

> 此章言女子与小人皆无正性，难畜养。所以难养者，以其亲近之则多不孙顺，疏远之则好生怨恨。此言女子，举其大率耳。若其禀性贤明，若文母之类，则非所论也[2]。

所谓"此言女子，举其大率耳"，即非指所有的"女子"。具体而言，女子也有"禀性贤明"的，"若文母之类，则非所论也"，像"武王之母""大姒者"[3]，就不是此章孔子"所论"之"女子"。

朱熹也说：

---

[1] 蔡尚思：《中国传统思想总批判》，湖南人民出版社1981年版，第83—84页。
[2] 文渊阁《四库全书》经部四书类《论语注疏》卷十七。
[3] 刘向："大姒号曰文母，文王治外，文母治内。"文渊阁《四库全书》史部传记类总录《古列女传·周室三母》。

此"小人"，亦谓仆隶下人也。君子之于臣妾，庄以莅之，慈以畜之，则无二者之患矣[1]。

"此'小人'，亦谓仆隶下人也"，则"女子"自然就是"仆隶下人"。"小人"是"臣"，"女子"就是"妾"，非常清楚。

稍后，戴溪（1141—1215）《石鼓论语答问》亦载：

圣人察于人情之际亦微矣，上而宦官宫妾，下而家人臧获，皆是物也。远之不可，近之不可，则亦难乎。其为养也，不求诸家而求诸身，得其所以养矣[2]。

所谓"宦官宫妾""家人臧获"，正是释《论语》此章"女子""小人"之义，也是以"女子"为特称而非全称。《石鼓论语答问》乃"淳熙丙午丁未间戴溪""领石鼓书院山长与湘中诸生集所闻而为"[3]，劳悦强以为"书中所说大概也在一定程度上反映了南宋人对'女子与小人'章的理解"[4]，当为可信。

明清以降，科举考试一准朱熹之说，《论语》此章"女子"为特称更成为主流。王船山（1619—1692）即说：

---

[1] 文渊阁《四库全书》经部四书类《四书章句集注·论语集注》卷九。
[2] 文渊阁《四库全书》经部四书类《石鼓论语答问》卷下。
[3] 文渊阁《四库全书》经部四书类《石鼓论语答问·提要》。
[4] 劳悦强：《文本之外之诠释——论汉人说〈论语·唯女子与小人为难养章〉》，第一届"文字文本文献国际学术研讨会"论文，台湾大学 2009 年 10 月 9 日、10 日。

> 唯妾媵之女子与左右之小人，服劳于上下之所养也，而养之难矣[1]。

王船山在"女子"之前加上定语"妾媵"，特称的意思更为清楚，逻辑性更强。这当出于朱熹《集注》，是当时的通解。

"五四"以来，反传统的精英不顾邢昺疏、朱熹注以《论语》此章"女子"为特称，有其"打倒孔家店"的特别用心。但在漫天讨伐声中还是有学者坚守着邢昺疏和朱熹《集注》的解释，如钱穆（1895—1990）就说：

> 此章女子小人指家中仆妾言。妾视仆尤近，故女子在小人前。因其指仆妾，故称养。待之近，则狎而不逊。远，则怨恨必作。善御仆妾，亦齐家之一事。

因此，他就将此章的"女子"译为"家里的妾侍"[2]。潘重规（1907—2003）亦云："女子，指妾妇。"[3]

陈大齐（1886—1983）的论证则更为详密，他说：

> 人们之所以引孔子此言为孔子轻视女性的铁证，因为把孔子此言视同"女子与小人为难养也"，解释为以女子与小人名为主词的全称肯定判断。全称判断的主词是周

---

[1] 王夫之：《四书训义》，《船山全书》第7册，岳麓书社1996年版，第973页。

[2] 钱穆：《论语新解》，台湾东大图书出版公司1987年版，第645—646页。

[3] 潘重规：《论语今注》，台湾里仁书局2000年版，第401页。

遍的，于是遂认定所云女子必系指女子全体而言。但原文句首用有一个唯字，以原文为同于"女子与小人为难养也"，无视了唯字的存在而埋没了唯字的作用，可谓极大的疏忽。句中用有唯字的，理则学上称之为低拒判断，言其有所排拒。就本句而论，唯字的作用在于只许女子与小人居于难养者的范围以内，而把非女子与非小人全部排拒于难养者的范围以外。所以"唯女子与小人为难养也"一语，欲其取得理则学上定言判断的形式，应当改为"一切非女子与非小人不是难养的"。至于女子与小人是否全部都是难养的抑或仅有一部分是难养的，则为原文所未明说，唯有借推理来推知。"一切非女子与非小人不是难养的"，若将主词与谓词互易其位，则成"一切难养的不是非女子与非小人"，再易其实，则成"一切难养的是女子与小人"。如此转换的结果，"女子与小人"成了肯定判断的谓词。肯定判断的谓词固亦有周遍的，但不周遍的实居多数，理则学为了稳妥起见，规定其为不周遍，亦即除了别有证据，不敢承认其能尽括该名所指事物的全部，只敢承认其至少涉及该名所指事物的一部分。所以"一切难养的是女子与小人"一判断，依照理则学规则施以易位，只可易作"有些女子与小人是难养的"。若易为"一切女子与小人是难养的"，便违反推理规则，不能保其无误。故"唯女子与小人为难养也"只等于"有些女子与小人是难养的"，不等于"一切女子与小人是难养的"，亦即若以女子与小人为主词，只是一个特称判断，不是一个全称判断。所以原文本身已表示了所云女子之只指一部分女子而言。以一部分女子为难养，只是轻视一部分女性，轻视一部分女性，未可径称为轻视女性。故以孔子此言为轻视女性，实出于唯字的忽视[1]。

陈氏认为《论语》此章"女子与小人"前有"唯"字，表明"女子与小人"是特称而非全称，因此当指"有些女子与小人"。抓住一个"唯"字，就为孔子洗去"轻视女性"的罪名，这是陈大齐作为一个现代逻辑学家在《论语》研究上的创举。

三、其他的释读

宋儒以《论语》此章的"女子"为特称而非全称是有道理的。

从人生经历来看，孔子三岁时，其父叔梁纥卒，孔子与母亲相依为命，历尽磨难。孔子十七岁时，其母颜征在卒。孔子不知其父墓地，"乃殡"其母"五父之衢。耶人挽父之母诲孔子父墓，然后往合葬于防焉"[2]。由此可见，孔子对其母感情深厚，非常孝敬。他母亲也是"女子"，如果《论语》此章的"女子"为全称的话，他势必会将其母也视为"小人"，归入"难养"之类。如果作为特称，就能避开这一矛盾。

从《论语》来看，孔子常言"父母"之爱，所谓"孝"不但指父，也同样包括母。如《论语·学而》篇："孟武伯问孝。子曰：'父母唯其疾之忧。'"《论语·里仁》篇载"子曰：事父母几谏。见志不

---

[1] 陈大齐：《论语臆解》，台湾"商务印书馆"1968年版，第273—274页。
[2] 文渊阁《四库全书》史部正史类《史记·孔子世家》。

从，又敬不违，劳而不怨。""父母在，不远游，游必有方。""父母之年，不可不知也；一则以喜，一则以惧。"这些都是"父母"连言，并非只称父而不称母。《论语·阳货》篇载其学生宰我认为父母死了要服三年之丧，时间未免太长。孔子觉得宰我这是不孝，便痛斥"予之不仁也！"责问"子生三年，然后免于父母之怀。夫三年之丧，天下之通丧也。予也有三年之爱于其父母乎？"孔子对人母是如此重视，从理性而言，是不可能将包括人母在内"女子"统统视为"难养"之列的。可以说，将"女子"统统视为"难养"，不但孔子"孝敬父母"的孝道无从谈起，其"仁者爱人"的仁学也势必不能成立。总不能说，孔子所谓"爱人"之"仁"[1]，爱的只是男人而不包括女人。由此可见，宋人将《论语》此章的"女子"从全称改为特称，实在关乎孔子仁学和儒家孝道的大本，可以说是不得不改。

从孔子思想的体系和整个《论语》来看，此章的"女子"确实只能视为特称，但仅就"唯女子与小人为难养也"章而言，该章的确容易造成女子是全称的误读。"小人"的意涵如果是"缺德之人"，"女子"与其并列，免不了有轻视女性之嫌。"小人"如果仅仅是地位低下之人，"女子"与其并列，既有被视为特称的可能，也有被视为全称的可能，对此，陈大齐已经做了很好的分析。不过，陈氏认为句首的"唯"字"言其有所排拒"，也就是有表特称的作用。"唯女子与小人为难养也"表示的是"低拒判断"，也就是特称肯定判断；"女子与小人为难养也"表示的则是全称肯定判断。这恐怕难以成立。

---

[1]《论语·颜渊》："樊迟问仁。子曰：'爱人。'"

"唯"在此类句子中，作为副词，是用来限定范围，表示强调的，相当于"只有""只是"。王引之《经传释词》云："惟，独也。常语也。或作'唯''维'。"[1]《论语·述而》："子谓颜渊曰：'用之则行，舍之则藏，惟我与尔有是夫！'"这里强调的是"我与尔"。《书·舜典》中的"惟明克允"强调的是"明"。最为相近的是《孟子·梁惠王上》："无恒产而有恒心者，惟士为能。"这里的"惟"强调的是"士"，而且此"士"应该是全称，而非特称。我们不能说"惟士为能"是"有些士为能"，而与"士为能"有本质的不同。以此例彼，陈大齐以"唯"字表"低拒判断"，显然是不能成立的。应该承认，仅就"唯女子与小人为难养也"章而言，这里的"女子"是全称的可能性最大。

正是为了避免此章与孔子整体思想的矛盾，今人对"唯女子与小人为难养也"章做了大量的改读。

康有为（1858—1927）提出：

> "女子"本又作"竖子"，今从之。"竖子"，谓仆隶之类；小人，谓人之无学术行义者，兼才臣昵友而言。竖子、小人多有才令人亲爱者，然远近皆难，故不易养，惟当谨之于始，善择其人[2]。

"女"古音属鱼部，"竖"属侯部。鱼、侯虽被顾炎武（1613—1682）归为一部，但江永（1681—1762）以后则多一分为二，古音

[1] 王引之：《经传释词》，岳麓书社1985年版，第55页。
[2] 康有为：《论语注》，中华书局1984年版，第273—274页。

还是有距离的。因而上古文献"女""竖"并无通假例。"竖子"之称，先秦文献虽多有之，但义多为"小子"，与"小人"并称，则从未有之。康氏所谓或本，恐怕也不会太早。因此，对康氏的改字为训，人们很难接受。

对于"女子"一词的含义，也有很多不同的看法。金池认为：

> 女子，你们几个学生。女：同"汝"，你，你们，代词。子：弟子，学生，名词。"女子"不是一个词，而是两个词。不能把春秋时期孔子言论中的"女子"按照现代语言的习惯理解成"女人"[1]。

按照如此理解，孔子与其弟子的关系就非常紧张了。这是不符合历史事实的。

蒋沛昌又以"女子"为"女孩子，女娃子，女儿，青年未婚女性"[2]。视"青年未婚女性""为难养"，还是缺乏理性，这样的改读，只能说是师心自用。

有些研究者转而将注意力集中到此句的"与"字上。牛多安认为：

> "与"不是连词，而是动词，是赞许、嘉许、参与之意。……许慎《说文解字》："与，党与也。"是就"与"

---

[1] 金池：《论语新译》，人民日报出版社2005年版，第536页。
[2] 蒋沛昌：《论语今释》，岳麓书社1999年版，第452页。

之古意而言的。由"与，党与也"可知孔子说"唯女子与小人"之言之意矣。"女子与小人"是一子句而作全句的主语，"难养"是全句的谓语。全句意为：女子支持、赞助小人，与小人结党营私，小人便会肆无忌惮，任意胡为，远之近之都不是，难以满足其私欲[1]。

周远成说："唯有女子与小人（在一起）共事，是最难相处的啊！"[2]其将"为"训为"共事"，颇为不经。但将"与"训为"在一起"，则与牛多安之说相近。

刘兆伟也有类似的关注，他说：

> "与"，于此非并列连词，而是随从、随着之意。《国语·齐语》："桓公知天下诸侯多与己也。"韦昭注："与，从也。"……《管子·大匡》："公先与百姓而藏其兵。"郭沫若等集校："与，亲也。""女子与小人"即女子随从小人，亲近小人，即女子嫁给小人。难养，难于生活[3]。

其"难养"的解释虽不可取，说"女子与小人"是"女子嫁给小人"也属于诠释过度，但说"'女子与小人'即女子随从小人，亲近小人"，则与牛多安之说同。这种解释，单就"唯女子与小人为难养也"一句来说，勉强还可说通。但揆诸下文"近之则不孙，远之则怨"就

---

[1] 牛多安：《孔子曰"唯女子与小人为难养也"释义》，《孔子研究》2002年第5期。
[2] 周远成：《唯女子与小人为，难养也——孔子女性观辨正》，《船山学刊》2002年第3期。
[3] 刘兆伟：《论语通要》，人民教育出版社2008年版，第434页。

有问题了。孔子的意思绝不是说女子随从小人，亲近小人之后，才"难养"，才"近之则不孙，远之则怨"；也不是说女子与小人结党营私，小人便会"难养"，便会"近之则不孙，远之则怨"。"唯女子与小人"和"难养"，与"近之则不孙，远之则怨"之间没有时间的先后，它们二者是说明与被说明、定义与被定义的关系，在时间上应该是同时的。明白了这一点，我们就知道牛多安、刘兆伟的新解也难以成立。

关于《论语》此章的诠释还有一些，由于大多逻辑混乱，缺乏实证，本文就不一一评述了。

四、"与小人"当为"女子"的后置定语

笔者认为，上述《论语·阳货》"唯女子与小人为难养也"章的种种诠释中，宋人的"女子"为特称说和今人对"与"字的新解最具启发性。

此句的"与"字前人都解为并列连词，相当于"和"。但并列连词前后的名词或词组应该是对等的。"女子"和"小人"并非对等的名词，"女子"相对的应该是"男子"，"小人"相对的应该是"君子"或"大人"。就此而言，牛多安、刘兆伟等否定此句的"与"字为并列连词，自然是正确的。

宋人从逻辑上认定此章"女子"为特称而非全称，但"女子"作为特称需要有定语进行限制，只有找出"女子"的限制性定语，此章"女子"作为特称才能落实。此章"女子"有没有限制性的定语呢？笔者以为有，只不过此限制性的定语，不在"女子"前，不

是"唯"字，而是"女子"后面的"与小人"三字。

"小人"在《论语》中出现24次，杨伯峻先生的《论语译注》认为"小人"义为"无德之人"20次，作"老百姓"解4次[1]。也就是说，《论语》中所谓"小人"，基本上就是指"无德之人"。《论语》此章也当如此。

牛多安、刘兆伟等将"与"字解为"党与"，解为"从""亲"，令人耳目一新。不过，笔者觉得还是训为"同于""比于""类""如"好。用现代汉语来说，就是"与……一样""同……一样""类似于""如同"的意思。

《诗·邶风·旄丘》："叔兮伯兮，靡所与同。"郑玄笺："卫之诸臣行如是，不与诸伯之臣同。"[2]"与""同"义近，即"与……一样"。

《淮南子·泰族》："故圣主者，举贤以立功。不肖主举其所与同。"[3]"举其所与同"即"举与其一样的"。

《国语·周语下》："夫礼之立成者为饫，昭明大节而已，少典与焉。"韦昭注："与，类也。言饫礼所以教民敬戒，昭明大体而已，故其诗乐少，章典威仪少，皆比类也。"[4]此"与"是"比类"的意思。

《张子正蒙·乾称上》："民，吾同胞；物，吾与也。"[5]"吾与也"即"吾类也"，也就是"与我们一样"。

---

［1］杨伯峻：《论语译注》，第218页。

［2］文渊阁《四库全书》经部诗类《毛诗注疏》卷三。

［3］文渊阁《四库全书》子部杂家类杂学之属《淮南鸿烈解》卷二十。

［4］文渊阁《四库全书》史部杂史类《国语》卷三。

［5］文渊阁《四库全书》子部儒家类《张子全书》卷一。

至于"与"训为"如"，更是通训。

《广雅·释言》："易、与，如也。"王念孙（1744—1832）《广雅疏证》：

> 皆一声之转也。宋定之云："《系辞传》：'易者，象也。象也者，像也。''像'即如似之意。""孰与，犹孰如也"，"弗与，犹弗如也。与、如、若，亦一声之转。"[1]

王引之《经传释词》卷一：

> 《墨子·兼爱》篇曰："若大国之攻小国也，大家之乱小家也，强之劫弱，众之暴寡，诈之谋愚，贵之敖贱，此天下之害也。又与为人君者之不惠也，臣者之不忠也，父者之不慈也，子者之不孝也，此又天下之害也。又与今人之贱人，执其兵刃毒药水火以交相亏贼，此又天下之害也。""又与"，犹"又如"也[2]。襄二十六年《左传》引《夏书》曰："与其杀不辜，宁失不经。"（凡上言"与其"、下言"宁"者，放此。）《礼记·檀弓》曰："丧礼，与其哀不足而礼有余也，不若礼不足而哀有余也；祭礼，与其敬不足而礼有余也，不若礼不足而敬有余也。"（凡上言"与其"、下言"不若"者，放此。）"与其"，皆谓"如其"也。或但谓之"与"。《晋语》曰："与余以狂疾赏也（宋本如是，今本作"是以狂疾赏也"，乃后人不晓文义而妄改之），不

---

[1] 王念孙：《广雅疏证》，江苏古籍出版社1984年版，第138页。

[2] 按："'又与'，亦谓'又如也'。"参见孙诒让：《墨子间诂》，中华书局2009年版。

如亡。"《孟子·万章》篇曰:"与我处畎亩之中,由是以乐尧、舜之道,吾岂若使是君为尧、舜之君哉!吾岂若使是民为尧、舜之民哉!"《吕氏春秋·贵直》篇曰:"与吾得革车千乘也,不如闻行人烛过之一言。"《史记·鲁仲连传》曰:"吾与富贵而诎于人,宁贫贱而轻世肆志焉。"是也。闵元年《左传》曰:"犹有令名,与其及也。"王肃注曰:"虽去犹有令名,何与其坐而及祸也。"(见《史记·晋世家集解》)。又《后汉书·荀爽传》:"《传》曰:截趾适屦,孰云其愚?何与斯人,追欲丧躯?")何与,犹"何如"也。二年《传》曰:"与其危身以速罪也。"(《晋语》作"况其危身于狄以起谗于内也",况,比也。比,亦"如"也。)杜《注》曰:"言孰与危身以召罪。"孰与,犹"何如"也。《秦策》曰:"秦昭王谓左右曰:'今日韩、魏,孰与始强?'对曰:'弗如也。'王曰:'今之如耳、魏齐,孰与孟尝、芒卯之贤?'对曰:'弗如也。'"《齐策》曰:"田侯召大臣而谋曰:'救赵,孰与勿救?'"《赵策》曰:"赵王与楼缓计之曰:'与秦城,何如不与?'"(今本"不与"下又有"何如"二字,乃后人不晓文义而妄加之。辩见《读书杂志》。)是"孰与",即"何如"也。故司马相如《子虚赋》"楚王之猎,孰与寡人乎",郭璞注曰:"与,犹如也。"[1]

裴学海(1899—1970)《古书虚字集释》对王氏之说极表赞成,曰:

> 按《经传释词》谓《檀弓》《左传》《晋语》之"与"

---

[1] 王引之:《经传释词》,第3—4页。

字皆训"如"，其说甚覈。《鲁语》："若从君而走患，则不如违君以避难。"《管子·侈靡》篇："如以予人财者，不如无夺时；如以予人食者，不如毋夺其事。"（"如以"之"以"字训其。）其文法并《檀弓》《晋语》之文同。可证"与"与"如"及"若"皆同义。（"若""如"字同义。）[1]

最为典型的例子当数《孟子·滕文公下》："不由其道而往者，与钻穴隙之类也。"俞樾（1821—1907）按：

> 与，当训为如。《广雅·释言》曰："与，如也。"《汉书·高帝纪》："孰与仲多？"《韩信传》："孰与项王？"师古注并曰："与，如也。"《文选·司马相如〈子虚赋〉》："孰与寡人乎？"郭璞曰："与，犹如也。"不由其道而往者，如钻穴隙之类也。"与"训为"如"，则文义自明矣[2]。

"与"能训为"如"，那么《论语》此章的"与小人"就可作"如小人"，也就是"像小人一样"。

古汉语的定语一般是前置，但也有后置的。研究表明，夏代以前"中心词＋定语"一统天下；商周两代"中心词＋定语"与"定语＋中心词"并存；秦汉两代"中心词＋定语"逐渐消亡，但仍有少量遗存。[3]

---

[1] 裴学海：《古书虚字集释》，中华书局 1954 年版，第 5 页。
[2] 俞樾：《群经平议》卷三十三，《续修四库全书》第 178 册，第 531 页。
[3] 孟蓬生：《上古汉语的大名冠小名语序》，《中国语文》1993 年第 4 期。

　　如上古国名："有虞"即虞国，"有夏"即夏国，"有苗"即苗国。上古地名："丘商"即商丘，"城颍"即颍城，"城濮"即濮城。上古人名："帝尧"即尧帝，"帝舜"即舜帝，"后稷"即稷后，"后羿"即羿后，"王亥"即亥王，"王恒"即恒王，"父甲"即甲父，"父庚"即庚父。都是"中心词＋定语"形式，也就是定语后置。

　　定语后置常以"中心词＋定语＋者"形式出现，如《论语·卫灵公》："有一言而可以终身行之者乎？"[1]《孟子·梁惠王下》："此四者，天下之穷民而无告者。"[2]《史记·廉颇蔺相如列传》："求人可使报秦者，未得。"[3] "一言而可终身行之者"即"可终身行之之一言"，"穷民而无告者"即"无告之穷民"，"人可使报秦者"即"可使报秦之人"，都是以"者"为标志将定语后置。

　　但没有"者"字标志的定语后置早期文献也多有之。

　　甲骨文有不少这种语例。比如说"文武丁伐十人"，数词"十"作定语，置于中心词"人"之前，但也可以说"勿登人四千"，把定语"四千"放到中心词"人"之后。

　　金文例子尤多：

　　　　赐女田于野，赐女田于渒，赐女井寓□田于峻，以厥臣妾，于赐女田于康，赐女田于匽，赐女田于溥原，赐女田于寒山。（《大克鼎》）"田于野"，在野的田。"田于渒"，

---

[1] 文渊阁《四库全书》经部四书类《论语注疏》卷十五。

[2] 文渊阁《四库全书》经部四书类《孟子注疏》卷二上。

[3] 文渊阁《四库全书》史部正史类《史记》卷八十一。

在淖的田。"田于峻"，在峻的田。"田于康"，在康的田。
"田于匿"，在匿的田。"田于溥原"，在溥原的田。"田于
寒山"，在寒山的田。

戊子，令作册旗兄（贶）望土于相侯。（《作册旗觥》）"土于相
侯"，在相侯的土地。

毛公赐朕文考臣自厥工。（《孟簋》）"臣自厥工"，即"来自厥工"
的臣。

赐女井人奔于量。（《大克鼎》）"井人奔于量"，"奔于量"的"井人"。

朕皇考叔旅鱼父蓬薄降多福无疆。（《叔旅鱼父钟》）受福无疆，
四方是纲。（《诗·大雅·假乐》）克其日赐休无疆。（《善夫克盨》）
弭仲受无疆福。（《弭仲簋》）"福无疆""休无疆"即"无疆福"，也
是定语后置。[1] 传世文献也有一些遗存。如《诗·商颂·玄鸟》：

天命玄鸟，降而生商，宅殷土芒芒[2]。

从《左传·襄公四年》"芒芒禹迹，画为九州岛"[3]可知，"殷
土芒芒"即"芒芒殷土"。又《小雅·六月》：

侯谁在矣？张仲孝友。

---

[1] 赵平安：《两周金文中的后置定语》，《古汉语研究》1990 年第 2 期。
[2] 文渊阁《四库全书》经部诗类《毛诗注疏》卷三十。
[3] 文渊阁《四库全书》经部春秋类《春秋左传注疏》卷二十九。

朱熹注："而孝友之张仲在焉。"[1] 这也是定语后置。

又如《史记·春申君列传》：

> 于是遂使吏尽灭春申君之家。而李园女弟初幸春申君有身而入之王所生子者遂立，是为楚幽王[2]。

"初幸春申君有身而入之王"修饰"李园女弟"，说明她的历史情况和楚幽王的来历，显然属于定语后置。又《史记·滑稽列传》：

> 其巫老女子也，已年七十。从弟子女十人所，皆衣缯单衣，立大巫后[3]。

这里，"女"是"弟子"的定语，也被后置了。《论语·雍也》篇也有这样的例子：

> 舟子与之粟五秉[4]。

"粟五秉"即"五秉粟"，这是数量词做定语被后置了[5]。

上述例子说明，"者"固然是定语后置的标志，但这种标志有时是可以省略的。以此例之，我们完全可以将《论语》此章的"唯

---

[1] 文渊阁《四库全书》经部诗类《诗经集传》卷五。
[2] 文渊阁《四库全书》史部正史类《史记》卷七十八。
[3] 文渊阁《四库全书》史部正史类《史记》卷一百二十六。
[4] 文渊阁《四库全书》经部四书类《论语注疏》卷六。
[5] 这种用法，先秦文献习见。

女子与小人为难养也"看成是"唯女子与小人者为难养也"或"唯女子之与小人者为难养也"的省略。有"者"字，"与小人"是定语后置毋庸置疑；没有"者"字，也无碍于"与小人"是定语后置这一事实，因为这是孔子思想的逻辑所导致的必然结果。

由此可知，《论语》此章的"女子与小人"是一个偏正结构，"女子"是中心词，"与小人"则是后置定语，是修饰、限定"女子"的。因此，这里的"女子"不可能是全称，不可能是指所有的女性，而只能是特称，特指那些"像小人一样"的"女子"，"如同小人一样"的"女子"。这种"女子如同小人"，其实质就是"女子"中的"小人"，也就是"女子"中的"无德之人"。

为了强调，孔子特意在"女子与小人"前加上一个语气词"唯"，突出强调只有这种"像小人一样"的"女子"才是他视为"难养"的对象。这样，自然就排除了其他的女子，排除了非"如同小人一样"的女子。

孔子视小人一样的女子为"难养"，认为她们"近之则不孙，远之则怨"，亲近了，就会放肆无礼；疏远了，就会埋怨忌恨。这种轻视、这种厌恶，有的放矢，绝不是针对全体女性而言的，只能说是对小人、"女子"中的"小人"而言的。这与孔子思想的逻辑和语言考证反映出来的历史事实是完全一致的。因此，"五四"以来借《论语》"唯女子与小人为难养也"章攻击孔子极端仇视妇女，"是女性的敌人"的说法可以休矣。

第二编 思想的误会

　　《论语》有一些著名章节中的孔子思想被人们严重误会了。下面，我们就以《论语·里仁》篇"朝闻道"章、《论语·季氏》篇"君子有三畏"章、《论语·为政》篇"道之以政"章为例，看看这个问题的严重性。

景公问政于孔子

第四章　尊德性还是道问学？
——"朝闻道，夕死可矣"的真义

> "朝闻道，夕死可矣"之"闻道"为"达道"，义为达到道，实现理想。孔子是说："早晨实现了我的理想，就是当天晚上死去也心甘。"这里表现出来的，不是孔子对"知"的渴望，而是孔子对"行"，对实现王道政治理想的孜孜以求。

《论语·里仁》篇第八章载："子曰：'朝闻道，夕死可矣。'"此章并无罕见字词，亦无重大异文，理解好像并不困难。但其实解读的问题很大，下面试作考释。

一、"知道"的矛盾

我们先来看看学界主流的意见。

朱熹《集注》：

> 道者，事物当然之理。苟得闻之，则生顺死安，无复遗恨矣。朝夕，所以甚言其时之近。程子曰："言人不可以不知道，苟得闻道，虽死可也。"

又曰："皆实理也，人知而信者为难。死生亦大矣！非诚有所得，岂以夕死为可乎？"[1]

刘宝楠（1781—1855）《论语正义》：

朝夕言时至近，不踰一日也。"闻道"者，古先圣王君子之道，已得闻知之也。闻道而不遽死，则循习讽诵，将为德性之助。若不幸而朝闻夕死，是虽中道而废，其贤也于无闻也远甚，故曰"可也"。[2]

这些解释，都是将"闻"训为"知"，"闻道"就是"知道""悟道"。古人大多如此理解。

如《慎子·君臣》："孔子曰：'丘少而好学，晚而闻道，以此博矣。'"此与《论语》"朝闻道"章可对读，可相互印证，"闻道"则"博"，《慎子》以"闻"为"知"，明矣。上海博物馆所藏战国楚竹书中，屡有《慎子》佚文、"慎子"之言出现[3]，可知《慎子》此语早到先秦，也是很有可能的。

《新序·杂事》："孔子曰：'朝闻道，夕死可矣。'于以开后嗣，觉来世，犹愈没世不寤者也。""不寤者"就是不"闻道"者。"寤"，

---

[1] 朱熹：《论语集注》卷二，《四书章句集注》，中华书局 1983 年版，第 71 页。

[2] 刘宝楠撰、高流水点校：《论语正义》卷五，中华书局 1990 年版，第 146 页。

[3] 马承源主编：《上海博物馆藏战国楚竹书（四）·曹沫之陈》，上海古籍出版社 2004 年版；《上海博物馆藏战国楚竹书（六）·慎子曰恭俭》，上海古籍出版社，2007 年版。其中《曹沫之陈》篇有《慎子》佚文的考证，见廖名春：《楚竹书〈曹沫之陈〉与〈慎子〉佚文》，赵聪惠主编：《赵文化论丛》，河北人民出版社 2006 年版。

可训为"悟""觉"[1]，可知《新序》解《论语》此章是以"闻"为"悟"。

《汉书·夏侯胜传》："胜、霸既久系，霸欲从胜受经，胜辞以罪死。霸曰：'朝闻道，夕死可矣。'胜贤其言，遂授之。系再更冬，讲论不怠。"黄霸狱中仍抓紧时间"明经"，根据就是"朝闻道，夕死可矣"，是以"闻道"为"知道"。

《晋书·皇甫谧传》："耽玩典籍，忘寝与食，时人谓之书淫。或有箴其过笃，将损耗精神。谧曰：'"朝闻道，夕死可矣。"况命之修短，分定悬天乎！'"皇甫谧以"朝闻道，夕死可矣"为自己"耽玩典籍，忘寝与食"辩护，也是视"闻"为"知"。

《魏书·刘昞传》："虽有政务，手不释卷。暠曰：'卿注记篇籍，以烛继昼，白日且然，夜可休息。'昞曰：'朝闻道，夕死可矣，不知老之将至，孔圣称焉。昞何人斯敢不如此？'"刘昞以"朝闻道，夕死可矣"解释自己苦学的原因，其解"闻道"与黄霸、皇甫谧同。

上述五例都是以《论语》此章的"闻道"为"知道""明道"，也就是领会道。

先秦典籍不涉及《论语》此章者，如此解"闻道"者也多有之。

《孟子·滕文公上》：陈相见孟子，道许行之言曰："滕君则诚贤君也；虽然，未闻道也。""未闻道"即"未明道"。

《庄子·天运》：孔子行年五十有一而不闻道，乃南之沛见老聃。老聃曰："子来乎？吾闻子，北方之贤者也，子亦得道乎？""闻道"即明道，故老聃称"得道"。

[1] 朱熹：《论语集注》卷二，《四书章句集注》，第71页。

又《大宗师》：南伯子葵问乎女偊曰："子之年长矣，而色若孺子，何也？"曰："吾闻道矣。"南伯子葵曰："道可得学邪？""闻道"即悟道、领会道，故下云"道可得学邪"。

《吕氏春秋·离俗览·为欲》：不闻道者，何以去非性哉？无以去非性，则欲未尝正矣。欲不正，以治身则夭，以治国则亡。后来的《淮南子·齐俗》说近同："夫纵欲而失性，动未尝正也，以治身则危，以治国则乱，以入军则破。是故不闻道者，无以反性。""闻道"，才能"去非性"，才能"反性"，显然是明道、领会道之意。

《管子·形势》：道之所言者一也，而用之者异。有闻道而好为家者，一家之人也。有闻道而好为乡者，一乡之人也。有闻道而好为国者，一国之人也。有闻道而好为天下者，天下之人也。有闻道而好定万物者，天地之配也。"《形势解》："闻道而以治一乡，亲其父子，顺其兄弟，正其习俗，使民乐其上，安其土，为一乡主干者，乡之人也。故曰：'有闻道而好为乡者，一乡之人也。'……闻道而以治一乡，亲其父子，顺其兄弟，正其习俗，使民乐其上，安其土，为一乡主干者，乡之人也。故曰：'有闻道而好为乡者，一乡之人也。'"

此"闻道"与"用"道相对，"用"是行，"闻"显然就是知。今天的《论语》注译本，基本上也都是这样解释的。

如杨伯峻《论语译注》：孔子说："早晨得知真理，要我当晚死去，都可以。"[1]

孙钦善《论语注译》：闻，知。孔子所说的道，或指治道，或

---

[1] 杨伯峻：《论语译注》，第37页。

指学说，这里指后者。孔子说："早晨悟到了真理，就是当晚死去也是可以的。"[1]

潘重规《论语今注》：由早晨到晚上，时间极为短暂，早晨得知真理，当晚可以死去。人若能悟得真理，就能在生命中发出无限的光辉，这样才不枉生，才不枉死，旦夕之暂，胜过万年，所以说，早晨得知真理，就是当晚死去，都可以了[2]。

但这种通行的解释是值得讨论的。

首先，它与孔子的思想性格存在矛盾。如果孔子以求"知"为人生的最高追求，他可以说"早晨得知真理，就是当晚死去都可以"。这样，孔子和纯粹的学术研究者就没有区别了。但是，孔子的人生最高追求是"德"而非"智"，"尊德性"与"道问学"比较，"尊德性"是第一位的，"道问学"是第二位的。孔子虽然说："不知礼，无以立也。"（《论语•尧曰》）但他更明白"知礼"并不等于"得仁""获仁"。因此他强调："知之者不如好之者，好之者不如乐之者。"（《论语•雍也》）为什么？因为"知之者，在彼，而我知之也。好之者，虽笃，而未能有之。至于乐之，则为己之所有。"[3]"知之"是"在彼"，"好之"仍是"未能有之"，还是外在的。只有"乐之"，才是"为己之所有"。在孔子看来，修己不能只停留在"知"的阶段，要想把"在彼"的客观真理，化为"为己之所有"的主体之仁，就必须依赖于"行"。

---

[1] 孙钦善：《论语注译》，巴蜀书社 1990 年版，第 50 页。
[2] 潘重规：《论语今注》，第 66—67 页。
[3] 潘重规：《论语今注》，第 66—67 页。

因此，相对于"知"，孔子更重视"行"。他人生的最高目标不是"知道""知仁"，而是修己成仁，变天下"无道"为"有道"。他说："弟子入则孝，出则弟，谨而信，泛爱众，而亲仁，行有余力，则以学文。"（《论语·学而》）"学文"属于"知"一类，孔子将其归为"行有余力"后之事，其态度非常明显。基于这种重德甚于求"知"的一贯性格，孔子是不可能"朝知道"而"夕死"的。

其次，孔子平常于"道"并非不"知"，也不认为"道"是难"知"的。古人感叹"非知之艰，行之惟艰"（《尚书·商书·说命中》）[1]，"非知之实难，将在行之"（《左传·昭公十年》），孔子也是如此。孔子曾说："志于道，据于德，依于仁，游于艺。"（《论语·述而》）"道"是其所"志"，平常焉能不"知"？他又说："齐一变，至于鲁；鲁一变，至于道。"（《论语·雍也》）"道"是什么？他显然是很清楚的。孔子不但认为自己平常是"知道"的，而且认为其他人"知道"也不难。子游曾说："昔者偃也闻诸夫子曰：'君子学道则爱人；小人学道则易使也。'"（《论语·阳货》）"学道"近于"知道"。孔子认为这并不难，不但"君子学道"，"小人"也能"学道"。他说："人能弘道，非道弘人。"（《论语·卫灵公》）人不"知道"，又怎能"弘道"？"士志于道，而耻恶衣恶食者，未足与议也。"（《论语·里仁》）"志于道"是对"士"的一般要求，是基本条件。可见，就是对一般士人，"知道"也并不难，只有"行"才难。

孔子不视"知道"为难事，不以"知道"为人生的最高追求，

---

[1] 此属"晚书"。

他又怎么能说"早晨得知真理，就是当晚死去都可以"呢？可见这种通行的解释是不能成立的。

二、"有道"的问题

可能是意识到了前人的"知道"说有难以消解的矛盾[1]，何晏注和邢昺疏提出了"有道"说的新解。

何晏注：

> 言将至死，不闻世之有道也。

邢昺疏：

> 此章疾世无道也。设若早朝世有道，暮夕而死，可无恨矣。言将至死不闻世之有道也[2]。

这里的"闻"即"听"，用的是本义。孔子"听说"了道，暮夕而死，就可无恨，未免太简单了[3]。所以何晏、邢昺都将"道"训为"有道"。这样，孔子是说早上"听说"有道，暮夕就可死了。

---

[1] 从《慎子·君臣》《新序·杂事》《汉书·夏侯胜传》看，"知道"说起源很早。
[2] 何晏注、邢昺疏，朱汉民整理：《论语注疏》，北京大学出版社2000年版，第54页。
[3] 李零就是这样解释的："孔子不一样，他说，早上听说真理，晚上死了也值了。王朝闻的名字就是据此而起。"（李零：《丧家狗——我读〈论语〉》，山西人民出版社2007年版，第106页。）

虽然这是说孔子对现实政治悲观到了极点，"至死不闻世之有道"，但实际是消解了"知道"说与孔子思想性格的矛盾，将孔子的人生理想由"知道"转移到道的实现上。

后来的学者有的也体会到了注、疏的这一番苦心。

如孙弈就说："孔子岂尚未闻道者？苟闻天下之有道，则死亦无遗恨，盖忧天下如此其急。"[1]

毛子水也说："这个解释最为合经意。《论语·雍也》篇'鲁一变，至于道'的'道'，亦是用于这个意义的。下章'士志于道'和《论语·雍也》篇里'天下有道'的'道'，亦以这个讲法为合。这些'道'字，与'吾道一以贯之'、'古之道也'的'道'，意义完全不同！但自汉以来，除二三学者外，注释《论语》的人，都把孔子'朝闻道'的话讲错了。……这里朝夕二字，不是表示时间的距离，而是表示'立刻'或'马上'的意义。从这两句话，我们可以体会到孔子一生忧世忧民的苦心！"因此，他将此章译为："孔子说：'如果有一天能够听到天下已太平，马上死去也愿意。'"[2]

但将"道"解为"有道"，训诂上有增字为训之嫌。而"闻道"在古文献除作"知道""悟道"解外，一般都是听见道、听到道的意思，并没有听见有道、听到天下已太平的例子。

如《老子》第四十一章：

---

[1] 孙弈：《履斋示儿编》卷五，《知不足斋》丛书第二十五集，古书流通处影印本。
[2] 毛子水：《论语今注今译》，台湾"商务印书馆"1979年版，第50—51页。

上士闻道勤而行之，中士闻道若存若亡，下士闻道大笑之，不笑不足以为道。

《庄子·秋水》：

野语有之曰："闻道百以为莫己若者"，我之谓也。

《庄子·知北游》：

无始曰："道不可闻，闻而非也；道不可见，见而非也；道不可言，言而非也。知形形之不形乎！道不当名。"无始曰："有问道而应之者，不知道也。虽问道者，亦未闻道。"

《庄子·庚桑楚》：

趎勉闻道达耳矣！

《晏子春秋·内篇问上》：

臣闻问道者更正，闻道者更容。

《管子·霸形》：

仲父不一言教寡人，寡人之有耳，将安闻道而得度哉？

《韩非子·十过》：

> 寡人尝闻道，而未得目见之也。愿闻古之明主得国失国何常以？

《韩非子·说疑》：

> 凡术也者，主之所以执也；法也者，官之所以师也，然使郎中日闻道于郎门之外，以至于境内日见法，又非其难者也。

《新书·修政语下》：

> 凡人者，若贱若贵，若幼若老，闻道，志而藏之；知道，善而行之，上人矣。闻道，而弗取藏也，知道，而弗取行也，则谓之下人也。

《韩诗外传》卷第九：

> 传曰："君子之闻道，入之于耳，藏之于心，察之以仁，守之以信，行之以义，出之以逊，故人无不虚心而听也。小人之闻道，入之于耳，出之于口，苟言而已，譬如饱食而呕之，其不惟肌肤无益，而于志亦庾矣。"

这些"闻道"，没有一例可解为"听说天下有道""听到天下已太平"的。

台湾学者汪淳的分析值得参考，他说：

　　盖孔子生当乱世，道衰德薄，然尚未至于"举世混浊，无道可闻"之时。《公冶长》篇："子曰：宁武子邦有道则知，邦无道则愚。"《卫灵公》篇："子曰：直哉！史鱼。邦有道如矢，邦无道如矢。君子哉！蘧伯玉。邦有道则仕，邦无道则可卷而怀之。"《子张》篇："子贡曰：文武之道，未坠于地，在人；贤者识其大者，不贤者识其小者，莫不有文武之道焉。"可见孔子之世，尚未全属无道，亦非无道可闻。虽仪封人见孔子，出曰："天下之无道也久矣，天将以夫子为木铎。"亦属慨乎言之，未可据。纵使天下滔滔者皆无道也，亦有孔子及其贤弟子之道存焉。何以谓"将至死不闻世之有道也'。《集解》之说非。"[1]

所以，不论从语言习惯，还是从当时的历史事实而言，"有道"说是讲不通的。

三、"达道"的新解

既然"知道"说和"有道"说都非确诂，那么，《论语》此章究竟要如何解释呢？

我们先来看看汪淳的新解："余以为此章之道字，应指孔子之

---

[1] 汪淳：《论语疑义探释》，台湾文史哲出版社 2003 年版，第 16 页。

道而言，与'吾道一以贯之'（《论语·里仁》）、'道不行，乘桴浮于海'（《论语·公冶长》）、'非不说子之道，力不足也'（《论语·雍也》）、'道之不行，已知之矣'（《论语·微子》）各章之道字同义。全章之旨，乃孔子叹自己之道不得行于世，故极言若朝闻吾道行于天下，则夕死亦无憾矣。圣人切盼己道得行之心，于斯表露无遗。"[1]

汪淳认为"此章之道字，应指孔子之道而言"，以为"全章之旨，乃孔子叹自己之道不得行于世，故极言若朝闻吾道行于天下，则夕死亦无憾矣"。其意思的理解可谓八九不离十，但训诂则颇成问题。

首先，他将"道"解释为"吾道行于天下"，犯的错误与"有道"说一样，都是增字为训。

其次，他还是视"闻"为听闻、闻知，可谓不得要领。

笔者认为，无论是"知道"说，还是"有道"说、"道行"说，错就错在对"闻"的理解上。这里的"闻"，既非听闻，也非悟知，而当训为"达"，到达，引申之，即实现。所谓"闻道"，即到达道、实现道。因此，"子曰：'朝闻道，夕死可矣'"，当译为："孔子说：'早晨实现了我的理想，就是当天晚上死去也心甘。'"这里表现出来的，不是孔子对"知"的渴望，而是孔子对"行"，对修己成仁，实现王道政治理想的孜孜以求。

"闻"训为"达"，《论语》早有定说。其《论语·颜渊》篇第二十章记载：

---

[1] 汪淳：《论语疑义探释》，第16—17页。

> 子张问："士何如斯可谓之达矣？"子曰："何哉，尔所谓达者？"子张对曰："在邦必闻，在家必闻。"子曰："是闻也，非达也。夫达也者，质直而好义，察言而观色，虑以下人。在邦必达，在家必达。夫闻也者，色取仁而行违，居之不疑。在邦必闻，在家必闻。"

此章从表面看，是孔子教子张如何分辨"闻"与"达"，但实质是告诉我们"闻"与"达"是一对同义词，子张言其同，而孔子辨其异。子张先问孔子士人怎样才可以叫"达"。孔子却反问子张你所说的"达"是什么意思。子张答道："在邦必闻，在家必闻。"子张先言的是"达"，后又用"在邦必闻，在家必闻"回答孔子"何哉，尔所谓达者"之问。显然，在子张的眼里，"闻"就是"达"。孔子虽然力辨"闻"不等于"达"，但正好说明一般人视"闻"如"达"，只见其同，不见其异。

《论语》中有诸多孔子辨别同义词的记载。如"周"与"比"本来是同义词，《说文·比部》："比，密也。"又《说文·口部》："周，密也。"故人们常"比周"连言[1]。而孔子却力辨其同中有异，认为有君子、小人之别，说："君子周而不比，小人比而不周。"（《论语·为政》）

"和"与"同"也是同义词。《左传·昭公二十年》："公曰：'唯据与我和夫！'晏子对曰：'据亦同也，焉得为和？'公曰：'和与

---

[1] 如《左传》《庄子》《荀子》《晏子春秋》《管子》《韩非子》《吕氏春秋》《战国策》《逸周书》《大戴礼记》以及帛书《黄帝四经》等。

同异乎？'对曰：'异。……'"在齐景公看来，"和"与"同"义同，晏子说"据亦同也，焉得为和"，齐侯感到奇怪，故反问："和与同异乎？"可见"和与同异"只是晏子特别的创意。孔子说："君子和而不同，小人同而不和。"（《论语·子路》）孔子与晏子一样，这也是特别的创意，而并非当时的通说。

《玉篇·水部》："泰，骄也。"可见"泰""骄"是同义词。故《国语·晋语六》《晋语八》《礼记·大学》《晏子春秋·内篇谏上》等都是"骄泰"连言。孔子说："君子泰而不骄，小人骄而不泰。"（《论语·子路》）孔子强调"泰""骄"的不同，正是基于一般人认为的同而言的。

在《论语·颜渊》篇第二十章，孔子力辨"闻"不等于"达"，这与上述分辨"周""比""和""同""泰""骄"类似，正好说明一般人如子张正是视"闻"如"达"，以"闻"为"达"之同义词的。因此，后人遂"闻达"连言。

《诗·大雅·思齐》："不闻亦式，不谏亦入。"郑玄笺："式，用也。文王之祀于宗庙，有仁义之行而不闻达者，亦用之助祭。有孝悌之行而不能谏争者，亦得入。言其使人器之不求备也。"[1]郑玄将《诗·大雅·思齐》之"闻"释为"闻达"，"闻达"连言是其以"闻""达"同义之证。

"闻达"连言，并非郑玄的独创，文献屡见。如《督邮保举博

---

[1] 毛亨传、郑玄笺、孔颖达疏：《毛诗正义》卷十六，阮元校刻：《十三经注疏》，中华书局1980年版，第517页。

士板状》："隐居乐道，不求闻达。"[1]江淹："臣本琐姿，不慕闻达。"[2]《神仙传》："故时人呼白石先生为隐遁仙人，以其不汲汲于升天为仙官，亦犹不求闻达者也。"[3]其中最出名的当属诸葛亮《出师表》的名言："苟全性命于乱世，不求闻达于诸侯。"[4]这里的"闻达"，"闻"就是"达"，"达"就是"闻"。所以，将"朝闻道，夕死可矣"训为"朝达道，夕死可矣"，是信而有征的。

《淮南子•主术》："是故号令能下究，而臣情得上闻。"高诱注："闻，犹达也。"也是以"达"释"闻"。

史书有一些记载也可支持笔者的这一解读。《后汉书•隗嚣公孙述列传》："述梦有人语之曰：'八厶子系，十二为期。'觉，谓其妻曰：'虽贵而祚短，若何？'妻对曰：'朝闻道，夕死尚可，况十二乎！'"[5]所谓"祚短"，由"夕死"而来。"贵"则由"闻"出。公孙述妻这里就是以《论语》的"闻道"来证明其实现登祚显贵的理想。

《晋书•李寿传》："寿命筮之。占者曰：'可数年天子。'调喜曰：'一日尚为足，而况数年乎！'思明曰：'数年天子，孰与百世诸侯？'寿曰：'"朝闻道，夕死可矣。"任侯之言，策之上也。'遂以咸康四年僭即伪位。"[6]"夕死可矣"对应的是"一日尚为足，而况数年乎"，

［1］文渊阁《四库全书》集部总集类《东汉文纪》卷三。

［2］文渊阁《四库全书》集部别集类汉至五代《江文通集》卷二。

［3］文渊阁《四库全书》子部小说家类异闻之属《太平广记》卷七。

［4］文渊阁《四库全书》史部正史类《三国志•蜀志》卷五。

［5］文渊阁《四库全书》史部正史类《后汉书》卷四十三。

［6］文渊阁《四库全书》史部正史类《晋书》卷一百二十一。

"闻道"对应的是为"天子"。也是以"闻道"实现其当"天子"的理想。

《南齐书·荀伯玉传》："初善相墓者见伯玉家墓，谓其父曰，当出暴贵而不久也。伯玉后闻之曰：'朝闻道，夕死可矣。'死时年五十。"[1]"闻道"对"暴贵"而言，"夕死"对"不久"而言，荀伯玉为了"暴贵"而不惜"五十"而"死"，也是将"闻道"视为"暴贵"理想的实现。

由此可见，以《论语》的"闻道"为"达道"，训为达到道，实现理想，不但有可靠的训诂根据，而且有前人解读的先例，更符合孔子重行甚于求"知"的思想性格，是完全可信的。

---

[1] 文渊阁《四库全书》史部正史类《南齐书》卷三十一。

第五章　畏惧还是敬重？
——"君子有三畏"解惑

> "君子有三畏"章的诸"畏"字只能训为"敬"，训为"敬重"，而不能训为"惧"。"君子有三畏：畏天命，畏大人，畏圣人之言。小人不知天命而不畏也，狎大人，侮圣人之言。"是说君子敬重的有三件事：敬重天命，敬重有德的君子，敬重圣人之言。小人不懂得天命因而不敬重它，轻视有德的君子，轻慢圣人之言。

《论语·季氏》篇载："孔子曰：'君子有三畏：畏天命，畏大人，畏圣人之言。小人不知天命而不畏也，狎大人，侮圣人之言。'"此章是研究孔子思想的名言，影响极大。但其"畏"字的训诂却很成问题，非常值得讨论。

董仲舒（前179—前104）《春秋繁露·郊语》篇曰：

> 夫非人所意而然，既已有之矣，或者吉凶祸福、利不利之所从生，无有奇怪，非人所意，如是者乎？此等可畏也。孔子曰："君子有三畏：畏天命，畏大人，畏圣人之言。"彼岂无伤害于人，如孔子徒畏之哉！以此见天之

不可不畏敬，犹主上之不可不谨事。不谨事主，其祸来至
显；不畏敬天，其殃来至暗。暗者不见其端，若自然也。
故曰：堂堂如天殃。言不必立校，默而无声，潜而无形也。
由是观之，天殃与主罚所以别者，暗与显耳。不然其来逮
人，殆无以异。孔子同之，俱言可畏也[1]。

其《春秋繁露·顺命》篇又云：

> 孔子曰："畏天命，畏大人，畏圣人之言。"……过
> 有深浅薄厚，而灾有简甚，不可不察也。犹郊之变，因其
> 灾而之变应而无为也。见百事之变，之所不知而自然者，
> 胜言与！以此见其可畏。专诛绝者，其唯天乎！臣杀君，
> 子杀父，三十有余，诸其贱者则损。以此观之，可畏者，
> 其唯天命、大人乎！亡国五十有余，皆不事畏者也。况不
> 畏大人，大人专诛之，君之灭者，何日之有哉！鲁宣违圣
> 人之言，变古易常，而灾立至，圣人之言可不慎！此三畏
> 者，异指而同致，故圣人同之，俱言其可畏也[2]。

董仲舒虽然将"畏"释为"畏敬"，但从上下文来看，其"畏"
或"畏敬"都是畏惧之意，当无疑义。

---

[1] 苏舆撰、钟哲点校：《春秋繁露义证》卷第十四，中华书局1992年版，第
396—397页。按：标点有改动。
[2] 苏舆撰、钟哲点校：《春秋繁露义证》卷第十四，第413—414页。按：标点有改动。

何晏《集解》：

> 顺吉逆凶，天之命也。大人即圣人，与天地合其德者也。深远不可易知，则圣人之言也。恢疏，故不知畏也。直而不肆，故狎之也。不可小知，故侮之也[1]。

皇侃《义疏》：

> 云"君子有三畏"者，心服曰畏，君子所畏有三事也。云"畏天命"者，一畏也。天命，谓作善降百祥，作不善降百殃。从吉逆凶是天之命，故君子畏之，不敢逆之也。云"畏大人"者，二畏也。大人，圣人也。见其含容而曰大人，见其作教正物而曰圣人也。今云"畏大人"，谓居位为君者也。圣人在上，含容覆焘，口虽不察察，而君子畏之也。云"畏圣人之言"者，三畏也。圣人之言，谓五经典籍，圣人遗文也。其理深远，故君子畏之也。云"小人"云云者，既小人与君子反，并不畏君子之所畏者也。小人见天道恢疏，而不信从吉逆凶，故不畏之，而造为恶逆也。云"狎大人"者，见大人含容，故亵狎，慢而不敬也。江熙曰："小人不惧德，故媟慢也。"云"侮圣人之言"者，谓经籍为虚妄，故轻侮之也。江熙曰："以典籍为妄作也。"[2]

---

[1]《论语集解义疏》卷八，按："深远不可易知测，圣人之言也"，文渊阁本《论语集解义疏》本原无"知"字，"测"作"则"，从文渊阁《四库全书》经部四书类《论语注疏》本补正。

[2] 文渊阁《四库全书》，《论语集解义疏》卷八。

皇侃虽然引"心服曰畏"为训，但从其引江熙"小人不惧德"说来看，还是以"畏"为"惧"。因为"小人不惧德"正是解释"小人不知天命而不畏也，狎大人，侮圣人之言"的。

朱熹《四书章句集注》则说得更清楚：

> 畏者，严惮之意也。天命者，天所赋之正理也。知其可畏，则其戒谨恐惧，自有不能已者，而付畀之重，可以不失矣。大人、圣言，皆天命所当畏。知畏天命，则不得不畏之矣[1]。

其《语录》亦云："'畏天命'三字好。是理会得道理，便谨去做，不敢违，便是畏之也。如'非礼勿视''听''言''动'，与夫戒谨恐惧，皆所以畏天命也。然亦须理会得天命是恁地，方得。焘。"[2]所谓"严惮""戒谨恐惧"，已是直接训"畏"为"惧"了。

刘宝楠《论语正义》：

> 是故"畏天命"，则戒谨恐惧，必致其修己安人、安百姓之学[3]。

日本人竹添光鸿（1842—1917）《论语会笺》：

[1] 朱熹：《四书章句集注》，第172页。
[2] 黎靖德编、王星贤点校：《朱子语类》卷第四十六，中华书局1986年版，第1173页。
[3] 刘宝楠撰、高流水点校：《论语正义》卷十九，第662页。

"三畏""畏"字，非是空畏，一念兢兢戒惧，实体之而不违也[1]。

杨伯峻的《论语译注》在当今影响最大。其篇末《论语词典》，将"君子有三畏"之"畏"字训为"惧怕"；译文则将此章所有的"畏"字都译为"害怕"或"怕"[2]。

黄怀信最近的新著《论语新校释》的"注释"释"畏"为"敬畏、害怕"，其"训译"将此章所有的"畏"字都译成"怕"[3]。可见在作者的心目中，"敬畏"也就是"害怕"。

可以说，将《论语》此章的"畏"字训为"惧怕"，应当是自古至今学界主流的观点。

《说文·甶部》："畏，恶也。从甶，虎省。鬼头而虎爪，可畏也。"李孝定《甲骨文字集释》按："契文象鬼执杖之形，可畏之象也。"[4]《广雅·释诂二》："畏，惧也。"《广韵·未韵》："畏，畏惧。"《老子》第七十四章："民不畏死，奈何以死惧之？"可见"惧"是"畏"的本义，也是它的通行之义。

不过，具体到《论语》此章，将"畏"字训为"惧怕"，从逻辑上说并不合适。

所谓"大人"，按照何晏《集解》，"即圣人，与天地合其德者

[1] 竹添光鸿：《论语会笺》卷第十六，台湾广文书局1999年版，第1060页。
[2] 杨伯峻：《论语译注》，第262、177页。
[3] 黄怀信：《论语新校释》，三秦出版社2006年版，第414—415页。
[4] 李孝定编述：《甲骨文字集释》第九卷，台湾"中央研究院"历史语言研究所专刊之五十，1970年版，第2911页。

也"。既然"大人"是"圣人",是"与天地合其德者也",作为"君子"来说,"平生不做亏心事,夜半敲门心不惊",有必要"畏惧"吗?应该是亲之而唯恐不及吧!当然,按照郑玄、杨伯峻的解释,"这里的'大人'是指在高位的人"[1],"在高位的人"不一定有德,君子对其"畏惧",也有可能。但"君子""畏圣人之言"则无论如何也说不过去。"君子"于"圣人之言"应该是亲之,敬之,信之,服之,怎么能感到"畏惧"呢?"君子"不可能"畏惧""圣人之言",连类而及,"君子"也不应该"畏惧""大人"。这里的"大人"旧说是指"圣人",是指"与天地合其德者也",其实也就是有德有位者。有德有位之"大人"以德服人,并不需要人"畏惧"。同理,孔子云:"五十而知天命。"(《论语·为政》)"不知命,无以为君子也。"(《论语·尧曰》)"君子"既知"天命",知道"皇天无亲,惟德是辅"(《左传·僖公五年》引《周书》),"民之所欲,天必从之"(《国语·周语中》、《郑语》引《泰誓》),"天视自我民视,天听自我民听"(《孟子·万章上》引《泰誓》),"君子坦荡荡"(《论语·述而》),于"天命"又有什么值得"畏惧"的呢?所以,将此章的"畏"字训为"惧怕",从文义上而言,是没有道理的。

笔者认为,《论语·季氏》篇"君子有三畏"章的诸"畏"字

---

[1] 杨伯峻:《论语译注》,第177页。按:贾公彦《仪礼·士相见礼》疏:"又案《论语》云'狎大人',注为天子诸侯为政教者,彼据小人不在朝廷,故以大人为天子诸侯政教解之。郑皆望文生义,故解大人不同。"〔《十三经注疏》整理委员会整理:《仪礼注疏(十三经注疏)》,北京大学出版社2000年版,第138页〕可见郑玄已以"大人"为"天子诸侯政教"了。

都应当训为"敬"。其理由如下：

第一，符合孔子思想的逻辑。

孔子这里的"君子"，指的是有道德的人。有德的"君子"敬重"圣人之言"，自是题中应有之义，不须赘言。有德的"君子"敬重"大人"，也就是"圣人，与天地合其德者也"，是必然之理。有德的"君子"敬重"天命"，敬重"民之所欲，天必从之"的"天命"，也是逻辑的必然。所以，"君子有三畏"，就是"君子有三敬"，"君子有三重"：敬重"天命"，敬重"大人"也就是"圣人"，敬重"圣人之言"。反之，"小人""狎大人"。所谓"狎"，皇侃以为"褻狎，慢而不敬也"；江熙以为"媟慢"（《义疏》卷八）。可见"狎大人"即不"畏大人"，也就是不敬"大人"，不重"大人"。"小人""侮圣人之言"。江熙以"侮"为"轻侮"（《义疏》卷八），邢昺以为"侮，谓轻慢"（《论语注疏》卷十六），都非常正确。"侮圣人之言"，即不"畏圣人之言"，也就是不敬"圣人之言"，不重"圣人之言"。同理，"小人不知天命而不畏也"，也就是"小人不知天命而不敬天命也"。从这一正一反的论证看，孔子在这里确实是强调君子要敬重"天命"，要敬重"大人"，要敬重"圣人之言"，而不是强调君子要畏惧"天命"，畏惧"大人"，畏惧"圣人之言"。

第二，有故训的支持。

"畏"训为"敬"，故训和古代文献里都有大量的证据。

《广雅·释训》：

畏，敬也。

皇侃《义疏》曰：

心服曰畏。

所谓"心服"，是心里折服，心里敬服。

邢昺疏：

此章言君子小人敬慢不同也。"君子有三畏"者，心
服曰畏。言君子心所畏服，有三种之事也。"畏天命"者，
谓作善，降之百祥；作不善，降之百殃。顺吉逆凶，天
之命也，故君子畏之。"畏大人"者，大人即圣人也，与
天地合其德，故君子畏之。"畏圣人之言"者，圣人之言，
深远不可易知测，故君子畏之也。"小人不知天命而不畏也"
者，言小人与君子相反，天道恢疏，故小人不知畏也。"狎
大人"者，狎，谓惯忽。圣人直而不肆，故小人忽之。"侮
圣人之言"者，侮，谓轻慢。圣人之言，不可小知，故小
人轻慢之而不行也[1]。

这里的"此章言君子小人敬慢不同也"，所谓"敬"，是释"畏"；
所谓"慢"，是释"不畏"。"心所畏服"即"心所敬服"。所以，邢
昺疏实质已释"畏"为"敬"了。

[1] 文渊阁《四库全书》经部四书类《论语注疏》卷十六。

《礼记·曲礼上》：

> 贤者狎而敬之，畏而爱之。

郑玄注：

> 心服曰畏。

《大学》："〔人〕之其所畏敬而辟焉……之其所敖惰而辟焉，故好而知其恶、恶而知其美者，天下鲜矣。"这里的"畏敬"就是敬重、尊敬的意思。

《大戴礼记·曾子立事》："临事而不敬，居丧而不哀，祭祀而不畏，朝廷而不恭，则吾无由知之矣。"王聘珍《解诂》："畏，敬也。"[1]

《大戴礼记·曾子制言中》："畏之见逐，智之见杀，固不难；诎身而为不仁，宛言而为不智，则君子弗为也。"王聘珍《解诂》："畏，敬也。……敬以安身反见逐，智以保身而反见杀，皆非其罪也。"[2]

《大戴礼记·卫将军文子》："盖羊舌大夫之行也，畏天而敬人，服义而行信，孝乎父而恭于兄，好从善而敦往，盖赵文子之行也。"王聘珍《解诂》："畏，亦敬也。"[3]

《大戴礼记·五帝德》："生而民得其利百年，死而民畏其神百

---

[1] 王聘珍：《大戴礼记解诂》，第75页。
[2] 王聘珍：《大戴礼记解诂》，第93页。
[3] 王聘珍：《大戴礼记解诂》，第114页。

年，亡而民用其教百年，故曰三百年。"王聘珍《解诂》："畏，心服也。"[1]

《荀子·不苟》：

> 君子能则宽容易直以开道人，不能则恭敬缚绌以畏事人。

《汉书·英布传》：

> 布善用兵，民素畏之。

以上诸例的"畏"皆可训为"敬"。

《郭店楚墓竹简·五行》篇：

> 闻道而悦者，好仁者也。闻道而畏者，好义者也。闻道而恭者，好礼者也。闻道而乐者，好德者也[2]。

马王堆汉墓帛书《五行》篇则作：

> 闻君子道而说（悦），好仁者也。闻道而［畏，好］义者也。闻道而共（恭），［好］礼者也。闻而乐，有德

---

[1] 王聘珍：《大戴礼记解诂》，第 119 页。按：以上《大戴礼记》的四例，博士生邓少平补充了两例，特此感谢。
[2] 荆门市博物馆：《郭店楚墓竹简》，第 151 页。按：为简便，释文直接以通行文字写出。

者也[1]。

其《说》曰：

闻君子道而威（畏），好义。好义者也之闻君子道，而以之亓［义也］，故能威（畏）。威（畏）也者，刑（形）也[2]。

帛书《经》的"畏"字原缺，为帛书整理小组所补。庞朴则补作"威"，认为"道何可畏，可畏非道也"[3]。池田知久袭之，将"威"训为"威仪""有威严"[4]。按：据帛书《说》补"威"是，但据郭店《五行》篇"威"当通"畏"。而"畏"亦"敬"也。庞朴、池田知久之说皆误[5]。

第三，《论语》一书也有内证。

《论语》中"畏"字有 10 处出现，分别见于《论语·子罕》篇的"子

---

［1］国家文物局古文献研究室：《马王堆汉墓帛书（一）》，文物出版社 1980 年版，第 19 页。

［2］国家文物局古文献研究室：《马王堆汉墓帛书（一）》，第 24 页。

［3］庞朴：《帛书五行篇研究》，齐鲁书社 1988 年版，第 89 页。

［4］［日］池田知久著、王启发译：《马王堆汉墓帛书五行研究》，线装书局、中国社会科学出版社 2005 年版，第 496 页。按：池田日文版原著 1993 年 2 月由日本汲古书院出版。

［5］按：帛书《说》"以之亓仁也""以之亓义也""以之亓礼也"之三"以"字皆当读为"拟"而训为"则"，是效法之意。而"说（悦）也者，刑（形）也""威（畏）也者，刑（形）也""共（恭）者，刑（形）也"之三"刑（形）"字皆当训为表现、显露。《广雅·释诂三》："形，见也。"《增韵·青韵》："形，现也。""说（悦）也者，刑（形）也"，是说"悦"，是好仁的表现。"威（畏）也者，刑（形）也"，是说"敬"，是好义的表现。"共（恭）者，刑（形）也"，是说"恭"，是好礼的表现。其具体论证，容另文发表。

畏于匡"和"后生可畏"、《论语·先进》篇的"子畏于匡"、《论语·季氏》篇的"君子有三畏"、《论语·尧曰》篇的"子张问于孔子"等五章。杨伯峻认为《论语·子罕》篇"子畏于匡"章和《论语·先进》篇"子畏于匡"章的两个"畏"字训为"囚禁"，除此以外，其余的三章的"畏"字都训为"惧怕"[1]。这是不能成立的。

　　《论语·子罕》篇载"子曰：'后生可畏，焉知来者之不如今也。四十、五十而无闻焉，斯亦不足畏也已！'"虽然宋人张栻（1133—1180）将其"畏"字训为"惧"（《癸巳论语解》卷五），但皇侃《义疏》却云："'可畏'谓有才学可心服者也。"（《义疏》卷五）所谓"不足畏"，即不足以"心服"，不足以敬重。可见，这里的两"畏"字也当训为"敬"。依此，《论语》的10个"畏"字，有7个当训为"敬"，两个当读为"围"[2]，勉强可训为"惧"的，只有《尧曰》篇的"子张问于孔子"章的一个而已[3]。由此看，杨伯峻《论语译注》关于"畏"字的训释，基本上都是错误的。

　　前贤今人也有将《论语·季氏》篇"君子有三畏"章的"畏"

---

[1] 杨伯峻：《论语译注》，第262页。
[2] 按："畏"当读为"围"。《论语·子罕》："子畏于匡。"何晏《集解》引包咸曰："匡人误围夫子，以为阳虎。"邢昺疏："子畏于匡者，谓匡人以兵围孔子。"《吕氏春秋·劝学》："孔子畏于匡。"陈奇猷《校释》："畏乃'围'之假字，畏、围古音同部，自可假借……《淮南子·主术训》作'孔子围于匡'，尤为畏、围通之明证。"《文选·班昭〈东征赋〉》："入匡郭而追远兮，念夫子之厄勤。彼衰乱之无道兮，乃困畏乎圣人。"吕向《注》："《论语》云：'子畏于匡。'言遭匡人围之也。"
[3]《论语·尧曰》："君子正其衣冠，尊其瞻视，俨然人望而畏之，斯不亦威而不猛乎！"这一句中的"畏"字，从"尊其瞻视"看，可训为"敬"；从"斯不亦威而不猛乎"看，似又可训为"惧"。友人王谔以为也当训为"敬"，可参。

字理解为"敬畏"的[1]。这有两种情况。一是以"敬畏"为"害怕"的，如前文所引董仲舒、黄怀信的解释即如此。这样，"敬"和"畏"成了同义词，"敬"也是"惧"，"畏"也是"惧"。二是以"敬畏"为"既敬重又害怕"。钱穆即云："三畏：畏与敬相近，与惧则远。畏在外，惧则惧其祸患之来及我。畏天命：天命在人事之外，非人事所能支配，而又不可知，故当心存敬畏。畏大人：大人，居高位者。临众人之上，为众人祸福所系，亦非我力所能左右，故不可不心存敬畏。畏圣人之言：古先圣人，积为人尊，其言义旨深远，非我知力所及，故亦当心存敬畏。"[2]钱先生虽然说"畏与敬相近，与惧则远"，但从以"大人"为"居高位者"说来看，他还是以"畏"为"既敬且惧"，还是给"君子有三畏"留了一条"畏惧"的尾巴。

周群振的说法又有不同。他说："'君子有三畏'，非空虚无实之战栗惧怕，乃心有存主之敬慎惕厉，朱子释为'严惮'，依通俗的说法，便是'敬畏'——由敬生畏。"[3]

其实，不管是"既敬且惧"也好，还是"由敬生畏"也好，他们给孔子"君子有三畏"说加进了"畏惧"的内涵，始终说不清"君子"要"畏惧""圣人之言"的缘由，背离了孔子思想的逻辑，叠床架屋，完全没有必要。

因此，从故训材料看，从《论语》一书的语言内证看，特别是

---

[1]"前贤今人"原作"今人"，据友人黄开国意见改。
[2]钱穆：《论语新解》，生活·读书·新知三联书店2002年版，第434页。
[3]周群振编著：《论语章句分类义释》，台湾鹅湖出版社2003年版，第59页。

从孔子的思想性格看,《论语·季氏》篇"君子有三畏"章的诸"畏"字只能训为"敬",训为"敬重",而不能训为"惧"。即便训为"既敬且惧"或"由敬生畏",也必然会歪曲孔子的思想。

第六章　修养论还是治国论？
——"民免而无耻""有耻且格"辨正

> "民免而无耻"当读作"民免而无止"，意思是说"道之以政，齐之以刑"，用"政""刑"来管治百姓，"则民有遁心"，就会逃离而不止。"有耻且格"当读作"有止且格"，就是说"道之以德，齐之以礼"，对百姓施以仁政，自己原来的百姓就会安居乐业，这就是"有止"；而且别国的百姓也会被招徕过来，这就是"格"。

《论语·为政》篇第三章云：

　　子曰："道之以政，齐之以刑，民免而无耻；道之以德，齐之以礼，有耻且格。"[1]

郭店楚竹书《缁衣》简二三至二四有："子曰：长民者，善之以德，齐之以礼，则民有欢心。教之以政，齐之以刑，则民有免心。"[2]上

---

[1] 文渊阁《四库全书》经部四书类《论语集解义疏》卷一。

[2] 荆门市博物馆：《郭店楚墓竹简》，第130页。为减少印刷麻烦，除需讨论者外，凡假借字、异体字等直接以本字、通行字写出。下同。

海博物馆藏楚竹书《缁衣》简十三同，只是"欢"写作了"昱"[1]。
今本《礼记·缁衣》则作："夫民，教之以德，齐之以礼，则民有格心。
教之以政，齐之以刑，则民有遯心。"[2]

　　将《论语》此章与《缁衣》的几种记载互证，可以获得一些新
的启示。

　　首先，《论语》之两"道"字，今本《礼记·缁衣》皆作"教"，
郭店楚竹书、上海博物馆藏楚竹书《缁衣》则皆作"喬"。所谓"喬"
当为"教"之假借，竹书的整理者们都已指出。"道"，陆德明《经
典释文》"音导"[3]，而皇本、古本、唐本、正平本均作"导"，《史记》、
《汉书·酷吏传序》、《汉书·刑法志》、《后汉书·杜林传》、《二十八
将传论》、董仲舒《对贤良策》、王符《潜夫论·德化篇》、《梁书·徐
勉修五礼表》、汉《祝睦碑》引皆作"导"[4]。邢昺疏："道谓化诱。"[5]
朱熹说："道，犹引导，谓先之也。"[6]阮元（1764—1849）说："汉
石经作'道'，用假借字。"[7]而邢昺疏又说："包曰：'道，治也'者，
以治国之法，不惟政教而已。下云'道之以德'，谓道德，故易之，

---

[1] 马承源主编：《上海博物馆藏战国楚竹书（一）》，上海古籍出版社 2001 年版，
第 188 页。
[2] 郑玄注、孔颖达疏：《礼记正义》卷五十五，阮元校刻：《十三经注疏》，中华
书局 1980 年版，第 1647 页。
[3] 陆德明：《经典释文》，中华书局 1983 年版，第 345 页。
[4] 程树德：《论语集释》，第 68 页。
[5] 何晏注、邢昺疏：《论语注疏》卷二，阮元校刻：《十三经注疏》，中华书局
1980 年版，第 2461 页。
[6] 朱熹：《论语集注》卷一，《四书章句集注》，中华书局 1983 年版，第 54 页。
[7] 阮元：《论语注疏校勘记》，何晏注、邢昺疏：《论语注疏》卷二，《十三经注疏》，
第 2464 页。

但云'道，治也'。"[1]这是说包咸（前6—前65）将此"道"字看成"道千乘之国"的"道"，是治理的意思。《广雅•释诂三》也有"道，治也"之训。

《缁衣》诸本"道"皆作"教"。当属同义换读。此"道"与"教"同义，显然当读为"导"。如果以"道"为本字，《缁衣》诸本的"教"字就不好解释了。

《论语》此章的"道之以政""道之以德"，《大戴礼记•礼察篇》又作："或导之以德教，或驱之以法令。"王聘珍《解诂》："导，引也。驱，谓驾驭之。"[2]可知《论语》之"道"字，不但可以训为导引，而且有驱使、驾驭的意思。由此看来，包咸训为"治"，较之邢昺的"化诱"、朱熹的"引导"应该更通达。刘宝楠云："道如道国之道，谓教之也。"[3]而"教"字除有"化诱""引导"之义外，其字也从"攵"，有以杖教子之义。这与"驱"字从"攵"的意义一样，都含有一定的强制性。这种"教"，也就是管教、管治。所以，《论语》此章之"道（导）"字，浑言之，可训为治；析言之，可训为管教或引导。所谓"道之以政"，即"驱之以法令"，也就是以法令管教；所谓"道之以德"，即"导之以德教"，也就是以德教引导。潘重规将"道"释为"领导"[4]，与包咸之说神似，既含有管治义，亦含引导义，值得肯定。

［1］何晏注、邢昺疏：《论语注疏》卷二，阮元校刻：《十三经注疏》，第2457页。
［2］王聘珍：《大戴礼记解诂》，第23页。
［3］刘宝楠：《论语正义》卷二，《诸子集成》第一册，中华书局1954年版，第22页。
［4］潘重规：《论语今注》，第18页。

再看《论语》此章之"免"，孔安国训为"苟免罪"[1]；朱熹《集注》训为"苟免刑罚"[2]；杨伯峻注："先秦古书若单用一个'免'字，一般都是'免罪''免刑''免祸'的意思。"[3]这是很值得商榷的。

《论语》此章之"民免而无耻"，今本《礼记·缁衣》作"民有遯心"，而郭店楚竹书和上海博物馆藏楚竹书《缁衣》则作"民有免心"。遯，逃也。"免"与其义同，也当是逃避、离开之义，而非"免罪""免刑""免祸"之意。《礼记·曲礼上》："临财毋苟得，临难毋苟免。"[4]《论语·阳货》："子生三年，然后免于父母之怀。"[5]《后汉书·申徒刚传》："今圣主幼少，始免襁褓。"李贤注："免，离也。"[6]楚竹书《缁衣》所谓"民有免心"，就是今本《礼记·缁衣》的"民有遯心"，有逃离之心。此是说用"政""刑"来治民，民就会逃离。

相反的就是今本《缁衣》的所谓"格心"。"格"，郑玄训"来"[7]。汉《费凤碑》"格"引作"佫"。顾蔼吉《隶辨》："《尔雅》：'格，至也。'《玉篇》'佫'也训至。'格'与'佫'古盖通用。"[8]杨伯峻注："'格心'和'遯心'相对成文，'遯'即'遁'字，逃避的意思。逃避的反面应该是亲近、归服、向往。"[9]这一理解显然是正确的。

[1] 何晏注、邢昺疏：《论语注疏》卷二，阮元校刻：《十三经注疏》，第2461页。
[2] 朱熹：《论语集注》卷一，《四书章句集注》，第54页。
[3] 杨伯峻：《论语译注》，第12页。
[4] 文渊阁《四库全书》经部礼类礼记之属《礼记注疏》卷一。
[5] 文渊阁《四库全书》经部四书类《论语集解义疏》卷九。
[6] 文渊阁《四库全书》史部正史类《后汉书》卷五十九。
[7] 郑玄注、孔颖达疏：《礼记正义》卷五十五，阮元校刻：《十三经注疏》，第1647页。
[8] 程树德：《论语集释》，第68页。
[9] 杨伯峻：《论语译注》，第12页。

"格心"，上海博物馆藏楚竹书《缁衣》作"昱心"，整理者陈佩芬认为："昱，从口从立，《说文》所无。"[1]没有释出。其实，"昱"可读为"莅"。《穀梁传·僖公三年》："传例曰：'莅，位也。内之前定之盟谓之莅，外之前定之盟谓之来。'"又《穀梁传·昭公七年》："莅，位也。内之前定之辞谓之莅，外之前定之辞谓之来。"[2]"莅"与"来"义近。所以，"昱心"就是"莅心"，也就是"来心"。这也证明郑玄将"格"训为"来"是可信的。

郭店楚竹书《缁衣》则作"欢心"。"欢"，《郭店楚墓竹简》读作"欢"。裘锡圭认为也有可能读为"劝"。劝，勉也[3]。

按："欢"当读为"随"。"欢"古音为元部，"随"为歌部，音近假借。《庄子·天运》："云者为雨乎？雨者为云乎？孰隆施是？孰居无事淫乐而劝是？"陆德明《释文》引司马云："劝，读为随。"[4]《老子》："音声相和，前后相随。"[5]《礼记·仲尼燕居》："行则有随，立则有序，古之义也。"孔颖达疏："行则有随者，谓少者在后相随。"[6]由此可知，"欢心"当读为"随心"，也就是随从之心。将"来心"（归附之心）写作"欢心"，也就是随从之心，应该属于同义修辞。

我们知道，《论语》此章的"有耻且格"相当于《缁衣》的"有

[1]马承源主编：《上海博物馆藏战国楚竹书（一）》，第189页。
[2]文渊阁《四库全书》经部春秋类《春秋穀梁传注疏》卷七、卷十七。
[3]荆门市博物馆：《郭店楚墓竹简》，第134页。
[4]《庄子》南华真经卷第五，《四部丛刊》景明世德堂刊本。
[5]《老子》道德经上篇，《古逸丛书》景唐写本。
[6]《礼记注疏》卷第五十一，清嘉庆二十年南昌府学重刊宋本十三经注疏本。

格心"，"免而无耻"相当于《缁衣》的"有遯心"。"格"与"免"的问题好说，因为在《缁衣》篇已经得到了印证。但"有耻"和"无耻"不仅在今本《缁衣》篇里，就是在两种楚简《缁衣》篇里也见不到踪影。这一点人们从来没有觉得其实是存疑的。"有耻且格"，"且"表示递进。但"有耻"与"格"能构成递进关系吗？杨伯峻译成"不但有廉耻之心，而且人心归服"[1]，实在有点勉强。

笔者颇疑"耻"当读作"止"。"耻"古音为之部透母，"止"为之部章母，韵同声近。《国语·晋语八》："文子曰：'止。为后世之见之也：其斫者，仁者之为也；其碦者，不仁者之为也。'"宋庠本之"止"，明道本作"耻"[2]。而"耻""止"为一字之异体，足证"耻""止"可互用。河北定州汉简本《论语》"耻"作"佴"。整理者注："'佴'即'耻'，简帛多见，《说文》之'佴'则与'耻'音义不同。"[3] 按：马王堆帛书《老子乙本卷前古佚书·君正》："民富则有佴，有佴则号令成俗而刑伐不犯。"《黄帝四经·称》："诸侯不报仇，不修佴，唯□所在。"马王堆帛书《春秋事语》："佴为人臣"，"宋君不佴不全宋人之腹颈，而佴不全荆陈之义，逆矣"，"刑人佴刑而哀不辜"。整理者将"佴"都读为"耻"[4]。"佴"与"耻"都从"耳"

[1] 杨伯峻：《论语译注》，第12页。
[2] 徐元诰：《国语集解》，中华书局2002年版，第432页。
[3] 河北省文物研究所定州汉墓竹简整理小组：《定州汉墓竹简论语》，文物出版社1997年版，第11、14页。
[4] 国家文物局古文献研究室：《马王堆汉墓帛书（一）》，第47、81页；国家文物局古文献研究室：《马王堆汉墓帛书（三）》，文物出版社1983年版，第5、17、18页。

得声，只是形符各异。由此可知"俚"也能读为"弭"。《玉篇·弓部》："弭，息也，止也，灭也。"《国语·周语上》："吾能弭谤矣。"韦昭注："弭，止也。"《国语·周语下》："自我先王厉、宣、幽、平而贪天祸，至于今未弭。"[1]《左传·成公十六年》："国人曰：'若之何？忧犹未弭。'"[2]"未弭"犹"未止""无止"。

"无耻""有耻"在先秦文献中固然是成词，但"无止""有止"的用法也很通行。如《诗·墉风·相鼠》："相鼠有齿，人而无止。人而无止，不死何俟！"《魏风·陟岵》："上慎旃哉！犹来无止。"[3]《逸周书·周祝》："利而无方，行而无止。"[4]《老子》第二十章："澹兮其若海，飂兮若无止。"[5]《孙子·九地》："是故散地则无战，轻地则无止，争地则无攻。"[6]《庄子·天运》："吾止之于有穷，流之于无止。"《庄子·秋水》："夫物，量无穷，时无止，分无常，终始无故。……故遥而不闷，掇而不跂，知时无止。"《庄子·则阳》："吾求之末，其来无止。无穷无止，言之无也，与物同理。"[7]《管子·明法解》："秋起蝚而无止，此之谓谷地数亡。谷失于时，君之衡藉而无止。"[8]《管子·山权数》："盖天下，视海内，长誉而无止。……

［1］文渊阁《四库全书》史部杂史类《国语》卷一、卷三。
［2］文渊阁《四库全书》经部春秋类《春秋左传注疏》卷二十八。
［3］文渊阁《四库全书》经部诗类《毛诗注疏》卷四、卷九。
［4］文渊阁《四库全书》史部别史类《逸周书》卷九。
［5］文渊阁《四库全书》子部道家类《老子道德经》上篇。
［6］文渊阁《四库全书》子部兵家类《孙子》。
［7］文渊阁《四库全书》子部道家类《庄子注》卷五、卷六、卷八。
［8］文渊阁《四库全书》子部法家类《管子》卷二十一。

农夫夜寝蚤起，力作而无止。"《管子·山至数》："故伏尸满衍，兵决而无止。"[1]《管子·揆度》："事不能再其本，而上之求焉无止。"《管子·轻重甲》："困穷之民，闻而粲之，釜鏂无止，远通不推。……今事不能再其本，而上之求焉无止。……君求焉而无止，民无以待之，走亡而栖山阜。……君虽强本趣耕，发草立币而无止，民犹若不足也。……不然，则世且并兼而无止，蓄余藏羡而不息，贫贱鳏寡独老不与得焉。……策桐鼓从之，舆死扶伤，争进而无止。"[2]《轻重乙》："夫海出沸无止，山生金木无息。"[3]《吕氏春秋·先识览·审分》："意观乎无穷，誉流乎无止。"[4]《礼记·祭统》："不齐则于物无防也，嗜欲无止也。"[5] 这是"无止"之说。

还有《庄子·则阳》："知而所行恒无几时，其有止也若之何！"[6]《管子·权修》："故取于民有度，用之有止，国虽小必安；取于民无度，用之不止，国虽大必危。"《管子·山至数》："利有足则行，不满则有止。"[7] 这是"有止"之说。

由此可见，《论语》此章的"民免而无耻"当读作"民免而无止"，意思是说"道之以政，齐之以刑"，用"政""刑"来管治百姓，"苛政猛于虎"，"则民有遁心"，就会逃离而不止。"民免而无止"是说

---

[1] 文渊阁《四库全书》子部法家类《管子》卷二十二。
[2] 文渊阁《四库全书》子部法家类《管子》卷二十三。
[3] 文渊阁《四库全书》子部法家类《管子》卷二十四。
[4] 文渊阁《四库全书》子部杂家类杂学之属《吕氏春秋》卷十七。
[5] 文渊阁《四库全书》经部礼类礼记之属《礼记注疏》卷四十九。
[6] 文渊阁《四库全书》子部道家类《庄子注》卷八。
[7] 文渊阁《四库全书》子部法家类《管子》卷一、卷二十二。

逃离的程度，而《缁衣》篇的"民有遯心"或"民有免心"是说有逃离之心，基本意思还是相同的。同理，《论语》此章的"有耻且格"当读作"有止且格"，就是说"道之以德，齐之以礼"，对百姓施以仁政，自己原来的百姓就不会逃离，就会安居乐业，这就是"有止"；而且别国的百姓也会被招徕过来，这就是"格"。自己的百姓"有止"，别国的百姓"格"至，也被吸引过来，显然是递进关系，故中间用"且"表示。

《论语·季氏》篇孔子曰："远人不服，则修文德以来之。既来之，则安之。"[1] 所谓"来"，即"格"；所谓"安"，即"止"；所谓"文德"，也就是"道之以德，齐之以礼"，而非"道之以政，齐之以刑"或"谋动干戈于邦内"。《论语·子路》篇亦载："夫如是，则四方之民襁负其子而至矣，焉用稼？""叶公问政。子曰：'近者说，远者来。'"[2] 这里虽然只称"至""来"，是对"四方之民""远者"而言的，但由"近者说"之说，也不难看出含本国之民"有止"之意。

《孟子·梁惠王上》曰："今夫天下之人牧，未有不嗜杀人者也。如有不嗜杀人者，则天下之民皆引领而望之矣。诚如是也，民归之，由水之就下，沛然谁能御之？"又《孟子·离娄上》曰："伯夷辟纣，居北海之滨，闻文王作，兴曰：'盍归乎来！吾闻西伯善养老者。'太公辟纣，居东海之滨，闻文王作，兴曰：'盍归乎来！吾闻西伯善养老者。'二老者，天下之大老也，而归之，是天下之父归之也。

---

［1］文渊阁《四库全书》经部四书类《论语集解义疏》卷八。
［2］文渊阁《四库全书》经部四书类《论语集解义疏》卷七。

天下之父归之，其子焉往？诸侯有行文王之政者，七年之内，必为政于天下矣。"[1]行仁政，"天下之民皆引领而望之"，"天下之父归之"，这就是"道之以德，齐之以礼，有止且格"。孟子所谓"民"之"加多"或"加少"，与《论语》此章"有止且格"或"免而无止"，都是同一种逻辑。

《大戴礼记·礼察》："导之以德教者，德教行而民康乐；驱之以法令者，法令极而民哀戚。"[2]"导之以德教"即《论语》"道之以德，齐之以礼"，"驱之以法令"即《论语》"道之以政，齐之以刑"。"德教行而民康乐"，即《论语》"道之以德，齐之以礼，有止且格"，民"有止且格"就是因为"康乐"。"法令极而民哀戚"即《论语》"道之以政，齐之以刑，则民免而无止"。"民免而无止"（逃离而不止）就是由"哀戚"所致。所以，从《大戴礼记·礼察》来看，也看不出《论语》此章"有耻""无耻"的痕迹。

---

[1] 文渊阁《四库全书》经部四书类《孟子注疏》卷一下、卷七下。
[2] 文渊阁《四库全书》经部礼类礼记之属《大戴礼记》卷二。

孔子教育弟子

第三编 文义的曲解

《论语》的文义在许多地方被曲解了，以致我们对"《学而》何以第一"的精义一直迷惑不解，以致郭沫若、钱穆这样的大师都始终否认孔子好《易》，以致大家一直认为孔子的治狱水平非常一般。这些笼罩在孔子身上的迷雾只有回到元典的精读上才能彻底扫除，只有拨乱，才能反正。

孔子路过蒲，遇上公叔氏叛乱

第七章　《学而》何以第一？
——"学而时习之"章的表层义与深层义

　　"学而"章三句是一义理连贯的整体。"学而时习之，不亦说乎"，是说学了理论而及时实习获得新知，是最令人喜悦的。"有朋自远方来，不亦乐乎"，是说其新知为人们普遍接受，令人快乐。"人不知而不愠，不亦君子乎"，是说别人不了解其新知，作为君子也不应该怨恨。为什么呢？因为寻求"新知"是为了修身，是"为己"之学，而不是"为人"之学。这就是"学而"章三句的深层义，是孔子真正想要宣示的为学的宗旨。

《论语》开篇第一章就是：

　　子曰："学而时习之，不亦说乎？有朋自远方来，不亦乐乎？人不知而不愠，不亦君子乎？"

这一章无太难之字，自古至今注解又多，按道理应该不会有太大的问题。但熟悉的并非深知的，还是有一些重要的问题值得重新讨论。

一、"学而时习之"

先说"学而时习之"。

邢昺疏引《白虎通》："学者，觉也，觉悟所未知也。"[1]朱熹《集注》："学之为言，效也。人性皆善，而觉有先后，后觉者必效先觉之所为，乃可以明善而复其初也。"[2]两处皆以"学"为动词。毛奇龄《四书改错》则认为："学有虚字，有实字。如学《礼》、学《诗》、学射御，此虚字也。若志于学、可与共学、念始终典与学，则实字也。此开卷一学字，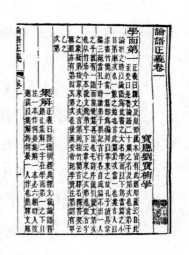自实有所指而言。乃注作'效'，则训实作虚。"[3]毛不同意朱之说，则以"学"为名词矣。程树德赞成毛之说："'学'字系名词，《集注》解作动词，毛氏讥之是也。"[4]李启谦将"学"解释为学问、学说、学派[5]，也当从毛、程之说。但注家一般都不取名词说，为什么？因为"学"字后有顺承连词"而"，表示"学"和"习"在动作发

---

[1]何晏注、邢昺疏：《论语注疏》卷第一，阮元校刻：《十三经注疏》，第 2457 页。
[2]朱熹：《论语集注》卷一，《四书章句集注》，第 47 页。
[3]毛奇龄：《西河合集·四书改错》卷十八，《续修四库全书》第 165 册，第 170 页。
[4]程树德：《论语集释》，第 4 页。
[5]李启谦：《关于"学而时习之"章的解释及其所反映的孔子精神》，《孔子研究》1996 年第 4 期。

生的时间上有先后之分。用皇侃的话说："'而'犹因仍也。"[1]如以"学"为名词，"而"字就不辞了[2]。

"学"的内涵也有一般和特指之分。邢昺训"觉"和朱熹训"效"，也还是倾向于一般义。杨伯峻《论语译注》[3]、陈大齐《论语臆解》（以下简称《臆解》）[4]皆本之。黄式三《后案》"学谓读书"、刘逢禄《述何》"学谓删定六经"[5]、钱穆《论语新解》（以下简称《新解》）"诵习义"[6]，则皆取特指义。平心而论，孔子之"学"，主要指学"六经"（《诗》《书》《礼》《乐》《易》《春秋》）或"六艺"（礼、乐、射、御、书、数），但也不能说仅限于此。人称孔子"博学"（《论语·子罕》），所谓"博"，应该不只限于"读书""诵习""六经"，说是"广义的学"[7]，这应该是可信的。

何晏《集解》引王肃曰："时者，学者以时诵习之。"是以"以时"训"时"[8]。朱熹《集注》则将"时"训为"时时"[9]。陈大齐《臆解》[10]、程石泉（1909—2005）《论语读训——附学庸改错》（后文简

---

[1] 文渊阁《四库全书》经部四书类《论语集解义疏》卷一。

[2] 已经有学者指出了这一点，如陈晓强：《〈论语〉"学而"章辨义》，《甘肃教育学院学报》（社会科学版）2004年2期。

[3] 杨伯峻：《论语译注》，第1页。

[4] 陈大齐：《论语臆解》，第1页。

[5] 程树德：《论语集释》，第4页。

[6] 钱穆：《论语新解》，巴蜀书社1985年版，第2页。

[7] 陈大齐：《论语臆解》，第1页。

[8] 何晏注、邢昺疏：《论语注疏》卷第一，《十三经注疏》，第2457页。

[9] 朱熹：《论语集注》卷一，《四书章句集注》，第47页。

[10] 陈大齐：《论语臆解》，第1页。

称《论语读训》)[1]、李泽厚《论语今读》[2]等皆本之。杨伯峻则认为："'时'字在周秦时候若作副词用,等于《孟子·梁惠王上》'斧斤以时入山林的'的'以时',有在'一定的时候'或者'在适当的时候'的意思。王肃的《论语注》正是这样解释的。朱熹的《集注》把它解为'时常',是用后代的词义解释古书。"[3]后人沿以为说:"《论语》中'时'共出现十次,据杨伯峻《论语词典》统计,其中六次作'一定的时候,适当的时候'解,而没有一次作'时时'解"。[4]

应该指出,早期文献里"时"作"时时"并非罕见。《庄子·秋水》:"夫子奚不时来入观乎!"曹础基《庄子浅注》:"时,时时,常。"[5]《史记·吕太后本纪》:"吕禄信郦寄,时与出游猎。"这里的"时"也是"时时"的意思。《韩非子·八经》:"阴使时循以省衰。"梁启雄《韩子浅解》:"阴使时循,谓秘密地随时巡查。"[6]《大戴礼记·文王官人》:"义气时舒。"王聘珍《大戴礼记·解诂》:"时谓随时。"[7]"随时",就是任何时候,不拘何时。训"时"为"随时",实质是以"时"为"时时"。因此,说"时"之"时常"义是"后代的词义",说服

---

[1] 程石泉:《论语读训——附学庸改错》,上海古籍出版社2005年版,第1页。按:程氏1972年在香港、1975年在台湾先知出版社出版《论语读训解故》,当为《论语读训》前身。

[2] 李泽厚:《论语今读》,第27页。

[3] 杨伯峻:《论语译注》,第1页。

[4] 陈晓强:《〈论语〉"学而"章辨义》,《甘肃教育学院学报(社会科学版)》,2004年2期。

[5] 曹础基:《庄子浅注》,中华书局2000年版,第250页。

[6] 梁启雄:《韩子浅解》,中华书局1960年版,第457页。

[7] 王聘珍:《大戴礼记解诂》,第191页。

力是有限的。

《论语》中"时"共出现 10 次，依杨伯峻《论语词典》说，其中作"时候"讲 1 次；作"历法"讲 1 次；作"时机""机会"讲 1 次；作动词"窥伺""探听"讲 1 次；作"一定的时候""适当的时候"讲 6 次，即"使民以时"（《论语·学而》），"不时不食"（《论语·乡党》），"时哉时哉"（《论语·宪问》），"夫子时然后言"（《论语·宪问》），"学而时习之"（《论语·学而》等）。除"学而时习之"之外，其他 9 例确实没有作"时时"解的。问题是作"时候"讲的、作"历法"讲的、作"时机、机会"讲的、作动词"窥伺、探听"讲的，也只有 1 次。其他 9 例皆无。我们不能说其他 9 例没有作"时候"讲的、没有作"历法"讲的、没有作"时机、机会"讲的、没有作动词"窥伺、探听"讲的。"少之时"（《论语·季氏》）之"时"就不能作"时候"讲，"行夏之时"（《论语·卫灵公》）之"时"就不能作"历法"讲，"好从事而亟失时"（《论语·阳货》）之"时"就不能作"时机、机会"讲，"时其亡也"（《论语·阳货》）之"时"就不能作"窥伺、探听"讲。为什么"学而时习之"之"时"作"时时"讲，就非得在其他 9 例中找到相同的例证不可呢？可见这种消极的论证说服力也不强。

杨伯峻《论语译注》、陈大齐《臆解》皆以为"学而时习之"之"时"作"时时"讲，这是朱熹的观点，然并不准确。邢昺疏引皇侃说：

凡学有三时。一、身中时。《学记》云："发然后禁，则扞格而不胜。时过然后学，则勤苦而难成。"故《内则》云：

"十年出就外傅，居宿于外，学书计。十有三年，学《乐》、诵《诗》、舞《勺》。十五成童，舞《象》。"是也。二、年中时。《王制》云："春秋教以《礼》《乐》，冬夏教以《诗》《书》。"郑玄云："春夏，阳也。《诗》《乐》者声，声亦阳也。秋冬，阴也。《书》《礼》者事，事亦阴也。互言之者，皆以其术相成。"又《文王世子》云："春诵，夏弦，秋学礼，冬读书。"郑玄云："诵谓歌乐也。弦谓以丝播。时阳用事则学之以声，阴用事则学之以事，因时顺气，于功易也。"三、日中时。《学记》云："故君子之于学也，藏焉，修焉，息焉，游焉。"是日日所习也[1]。

这是说所谓"以时"，一是以年岁为时，循序渐进，按年龄由浅入深；二是以季节为时，学习的内容要符合天时；三是以晨夕为时，"温习进修游散休息，依时为之"[2]。其实，三者中，皇侃肯定的是最后者。他说："三就'日中'为时者，前'身中''年中'二时，而所学并日日修习不暂废也，……今云'学而时习之'者，……'时'是日中之时也，习是修故之称也，言人不学则已，既学必因仍而修习日夜无替也。"[3]"时习之"是"日日修习不暂废也"，是"修习日夜无替也"，这实际上是将"时"讲成了"时时"，与王肃的"以时"说，已经有了相当不同。可见朱熹之说实质上源于皇侃，我们不能数典而忘宗。

[1] 何晏注、邢昺疏：《论语注疏》卷第一，阮元校刻：《十三经注疏》，第2457页。
[2] 钱穆：《论语新解》，第2页。
[3] 文渊阁《四库全书》经部四书类《论语集解义疏》卷一。

　　不过，无论是"以时"说，还是"时时"说，都没有突出"习"的重要性，对于"学"而言，"习"只是连类而及。朱熹所谓："习，鸟数飞也。学之不已，如鸟数飞也。……既学而又时时习之，则所学者熟。"[1] 这种"习"，与皇侃的"修故"之说一样，不过是"学"的重复而已。杨伯峻认为："一般人把习解为'温习'，但在古书中，它还有'实习''演习'的意义，如《礼记·射义》的'习礼乐''习射'。《史记·孔子世家》：'孔子去曹适宋，与弟子习礼大树下。'这一'习'字，更是演习的意思。孔子所讲的功课，一般都和当时的社会生活和政治生活密切结合。像礼（包括各种仪节）、乐（音乐）、射（射箭）、御（驾车）这些，尤其非演习、实习不可。所以这'习'字以讲为实习为好。"[2] 这一意见是有道理的。由此看，"习"较之"学"，是一更高的阶段，是一种进步。由"学"到"习"，说不含有一点从理论学习到社会实践的意思，恐怕难以说得过去。懂得这一关键，就会发现，"以时"说或"时时"说，都过于一般化，得另求新解。

　　《韩非子·说林下》："郑人有一子将宦，谓其家曰：'必筑坏墙，是不善人将窃。'其巷人亦云。不时筑，而人果窃之。"陈奇猷《韩非子集释》："不时筑，犹言未及时筑之也。"[3]《孟子·尽心上》"有如时雨化之者"，朱熹《集注》："时雨，及时之雨也。"[4]"学而时习之"之"时"，用法与"不时筑"之"时"同，因此，也可训为"及时"。

────────────

[1] 朱熹：《论语集注》卷一，《四书章句集注》，第47页。
[2] 杨伯峻：《论语译注》，第1页。
[3] 陈奇猷：《韩非子集释》，上海人民出版社1974年版，第479页。
[4] 朱熹：《孟子集注》卷十三，《四书章句集注》，第361页。

"学而时习之"是说学了知识或理论之后，就要及时地去实习。这样，就凸显出了"习"对于"学"的迫切，而非"以时"说或"时时"说所能比。

梁伟民认为："杨先生选择了'按一定的时间'，而舍弃了'在适当的时候'，这是十分遗憾的……在这里'按一定的时间'是不确切的，而'在适当的时候'是确切的。因为……孔子的认识不可能达到如此深刻的地步，以致能知道'习'的'一定的时间'，况且，学的情况的复杂性势必带来'习'的情况的复杂性，又怎么去对'习'规定一个'一定的时间'呢？要在适当的时候'习'这点道理孔子倒是知道的，……如'道千乘之国，敬事而信，节用而爱人，使民以时'（《论语·学而》），'色斯举矣，翔而后集。曰"山梁雌雉，时哉时哉"'（《论语·乡党》），'夫子时然后言，人不厌其言'（《论语·宪问》），'不时不食'（《论语·乡党》）等，都强调行事要'适时'，对于'习'孔子自然也会强调要'适时'。"[1]黄怀信也说："《礼记·学记》云：'当其可谓之时。''当其可'，即适当的时候。适当的时候，显然是不定时的，而是随时而有。所以'时'应解为适时、随时。"[2]这些意见，也可以参考。

---

[1] 梁伟民：《〈论语·学而〉首章异解新说》，《绍兴师专学报》1995 年第 4 期。

[2] 黄怀信：《〈论语·学而〉篇校释献疑》，韩国成均馆大学：《儒教文化研究》第五辑，2005 年。

二、"有朋自远方来"

再说"有朋自远方来"。此句有三处可以讨论：

一是"有朋"的异文。陆德明《经典释文》："'有'，或作'友'，非。"[1] 何晏《集解》本的"有"字，别本作"友"，陆德明认为是错误的。这种作"友"的别本，现在唯一能看到的是吐鲁番阿斯塔那169墓出土的83号文书[2]。此文书是一白文抄本，其年代当在公元558年以前。由于吐鲁番阿斯塔那地区所出土的《论语》大多为郑玄注本，而且有"孔氏本"之称[3]，因此，这一白文抄本源于郑玄注本，属于《古论》一系，是完全可能的。《文选》所载陆机《挽歌》："周亲咸奔凑，友朋自远来。"李善注："《论语》：'子曰：友朋自远方来。'"[4] 二是"有朋"亦作"友朋"。三是有作"朋友"的异文。班固《白虎通·辟雍》："师弟子之道有三。《论语》曰：'朋友自远方来。'朋友之道也。"[5] 这是作"朋友"的明证。《周易·蹇》孔颖达正义、《周礼·司谏》贾公彦疏皆引"郑注《论语》云'同门曰朋，同志曰友'"以解"朋友"[6]。程树德云："作'朋友'者，《齐》《古论》也。"[7] 认为郑玄注本原本作"朋友"。在"有朋""友朋""朋友"这三种异文中，陆德明《论

---

[1] 陆德明：《论语音义》，《经典释文》，第345页。
[2] 国家文物局古文献研究室等编：《吐鲁番出土文书》第二册，文物出版社1981年版，第279页。
[3] 王素：《唐写本论语郑氏注及其研究》，文物出版社1991年版，第245页。
[4] 萧统编、李善注：《文选》卷二八，中华书局1977年版，第406页。
[5] 陈立：《白虎通疏证》卷六，中华书局1994年版，第258页。
[6] 何晏注、刑昺疏：《十三经注疏》，第51—52、731页。
[7] 程树德：《论语集释》，第5页。

语音义》、卢文弨《释文考证》[1]以"有朋"为是,以"友朋"为非,今天的大多数注本皆本之。而洪颐煊《读书丛录》、俞樾《群经平议》[2]、程石泉《论语读训》[3]则以"友朋"为是。阮元《校勘记》:"旧本皆作'友'字。"[4]武亿《群经义证》:"或作'友',与古传本合,未可云非。"[5]也倾向于肯定"友朋"。臧庸《拜经日记》:"'友'字当在'朋'下。"[6]则又是以"朋友"为是。陈大齐《臆解》[7]、黄怀信之说[8]同。

笔者认为以上这三种异文当以"友朋"为是。因为"友朋"与"朋友"意义相同,只是"友""朋"两字互换了一下位置而已。早期文献里"友朋""朋友"互见的现象比比皆是,将"友朋"写作"朋友",一点也不让人奇怪。如果以"朋友"为是的话,《鲁论》一系"有朋""有"字的来源就费解了。必须是先"朋友"误为"友朋",再由"友朋"误为"朋友"。如果以"有朋"为是,《白虎通》引文的"朋友"也不好解释。必须是先由"有朋"误为"友朋",再由"友朋"误为"朋友"。而以"友朋"为是,一方面,"友"能通假为"有",

---

[1] 程树德:《论语集释》,第5页。
[2] 程树德:《论语集释》,第5页。
[3] 程石泉:《论语读训——附学庸改错》,第1页。
[4] 程树德:《论语集释》,第5页。
[5] 程树德:《论语集释》,第5页。
[6] 程树德:《论语集释》,第5页。
[7] 陈大齐:《论语臆解》,第3页。
[8] 黄怀信:《〈论语·学而〉篇校释献疑》,韩国成均馆大学:《儒教文化研究》第五辑,2005年。

能直接说明"有朋"之"有"的来源；另一方面，"友朋"与"朋友"同义可以互换，能直接说明"朋友"这一异文的来源。因此，综合三种异文相互关系比较的结果，故书作"友朋"当是最合理的。

从吐鲁番阿斯塔那一六九墓出土的 83 号文书来看，"友朋"很可能出自"孔氏本"，当属《古论》。《周易·蹇》孔颖达正义、《周礼·司谏》贾公彦疏引郑玄注作"朋友"，并无实质的差异。论者如程树德等皆属之于《齐论》《古论》。是否属之《齐论》尚不好说，但属之《古论》则可肯定。《古论》"孔氏本"系孔安国据"出孔子壁中"（《汉书·艺文志》）书写定，其原为战国古文写本。由此看来，"友朋"可上溯到战国。而《鲁论》之"有朋"为汉代今文隶书写本。秦时"非博士官所职，天下敢有藏《诗》、《书》、百家语者，悉诣守、尉杂烧之。有敢偶语《诗》《书》者弃市"（《史记·秦始皇本纪》）[1]。《论语》属"百家语"，当在禁绝之列。因此，《鲁论》非直接出自战国古文写本，而应出自口传。从这一点来看，"友朋"优于"有朋"，也是有道理的。

今本《论语》一书"朋"字共出现 9 次。其中"朋友"连用的有 8 次，如"与朋友交"（《论语·学而》2 次）、"朋友数"（《论语·里仁》）、"与朋友共"（《论语·公冶长》）、"朋友信之"（《论语·公冶长》）、"朋友死"（《论语·乡党》）、"朋友之馈"（《论语·乡党》）、"朋友切切偲偲"（《论语·子路》）。"朋"字单用的则仅有 1 次。"友"字作名词而单用的也有 8 次，全部是与"朋"字连用。陈大齐认为："'朋'

---

[1]"偶"当读为"寓"，说见辛德勇：《生死秦始皇》，中华书局 2019 年版，第 124 页。

字之须与'友'字连用，几乎成了《论语》用字的通例。"[1] 这对否定今本的"有朋"说，不无启发。

解决了异文问题，再来看关于"朋"字释义的争论，是非也就了然了。此句"朋"字有三解。一是作同学解。包咸、郑玄注："同门曰朋。"皇侃《义疏》云："同处师门曰朋。"[2] 可知"同门"即同处师门，也就是同学。二是作朋友解。朱熹《集注》："朋，同类也。"[3] 钱穆《新解》本之[4]。三是作弟子解。宋翔凤（1779—1860）《朴学斋札记》："《史记·孔子世家》：定公五年，'鲁自大夫以下皆僭离于正道。故孔子不仕，退而修《诗》《书》《礼》《乐》，弟子弥众，至自远方，莫不受业焉。''弟子……至自远方'，即'有朋自远方来'也。'朋'即指弟子。"潘氏《集笺》同[5]杨伯峻《论语译注》本之[6]。

笔者认为此三说中，当以朱熹之说为是。"友朋"当为互文，"友"固然是"同志"，"朋"亦为"同类"，不应刻意区别。"弟子"说非但说不清"朋"字，更说不清"友"字。"同学"说也有问题。说"友朋自远方来，不亦乐乎"的是孔子，孔子的"友朋"不一定就是"同处师门"之人。子贡说孔子无"常师"（《论语·子张》），既无"常师"，又何有"同处师门"之"同学"？所以，"弟子"说与"同学"

［1］陈大齐：《论语臆解》，第3页。
［2］文渊阁《四库全书》经部四书类《论语集解义疏》卷一。
［3］朱熹：《论语集注》卷一，《四书章句集注》，第47页。
［4］钱穆：《论语新解》，第2页。
［5］程树德：《论语集释》，第5—6页。
［6］杨伯峻：《论语译注》，第1页。

说都是不能成立的。

"远方"前人皆无异议，即视其为偏正结构，解为遥远的地方。而俞樾却云："《说文·方部》：'方，并船也。象两舟省总头形。'故方即有并义。《淮南·泛论篇》曰'乃为窬木方版'，高诱注曰：'方，并也。'《尚书·微子篇》曰：'小民方兴。'《史记·宋世家》作'并兴'，是'方''并'同义。友朋自远方来，犹云友朋自远并来。曰友曰朋，明非一人，故曰并来。……今学者以'远方'二字连文，非是。凡经言'方来'者，如《周易》'不宁方来'，《尚书》作'兄弟方来'，义皆同。"[1] 钱穆《新解》虽然没有全部认同此说，但也用"或曰"备存，给予了重视[2]。董季棠《论语异解集说》："俞氏之说，固有所据。然本经《论语·里仁》篇云：'父母在，不远游，游必有方。'《论语·先进》篇云：'方六七十。'方皆为地方之意。其他如'子贡方人''可使有勇，且知方也'等，皆不作并字解。不以《论语》证《论语》，而以《尚书》《淮南》证《论语》，终觉周折。"[3] 不过，《论语》其他处的"方"不作"并"解，并不能说明此处的"方"就必定不能作"并"解。问题是，"远方"为成词，在早期文献中习见。如《孟子·滕文公上》："有为神农之言者许行，自楚之滕，踵门而告文公曰：'远方之人，闻君行仁政，愿受一廛而为氓。'"《荀子·富国》："如是，则近者竞亲，远方致愿，上下一心，三军同力。"又《荀

[1] 俞樾：《群经平议》卷三十，《续修四库全书》第 178 册，第 485 页。
[2] 钱穆：《论语新解》，第 2 页。
[3] 转引自梁伟民《〈论语·学而〉首章异解新说》，《绍兴师专学报》1995 年第 4 期。

子·君道》:"故人主必将有足使喻志决疑于远方者，然后可。"又《荀子·议兵》:"故近者亲其善，远方慕其德，兵不血刃，远迩来服，德盛于此，施及四极。"又《荀子·解蔽》:"远方莫不致其珍。"又《荀子·正名》:"远方异俗之乡，则因之而为通。"又《荀子·赋》:"念彼远方，何其塞矣！"《管子·版法解》:"爱施之德，虽行而无私，内行不修，则不能朝远方之君。"《吕氏春秋·音律》:"夷则之月，修法饬刑，选士厉兵，诘诛不义，以怀远方。"又《吕氏春秋·孟秋纪》:"诘诛暴慢，以明好恶，巡彼远方。"(《礼记·月令》同)《大戴礼记·保傅》:"答远方诸侯，不知文雅之辞。"《礼记·王制》:"不变，屏之远方，终身不齿。……不变，王三日不举，屏之远方。"《周礼·夏官·怀方氏》:"怀方氏:掌来远方之民。"《左传·宣公三年》:"昔夏之方有德也，远方图物，贡金九牧，铸鼎象物。"又《左传·成公二年》:"无德以及远方，莫如惠恤其民，而善用之。"又《左传·昭公十六年》:"齐君之无道也，兴师而伐远方，会之，有成而还，莫之亢也。"《国语·鲁语下》:"分异姓以远方之职贡，使无忘服也。"《战国策·赵策二》:"远方之所观赴也，蛮夷之所义行也。今王释此，而袭远方之服，变古之教，易古之道，逆人之心，畔学者，离中国，臣愿大王图之。"《逸周书·大开武》:"五和:一有天维国，二有地维义，三同好维乐，四同恶维哀，五远方不争。"又《逸周书·王会》:"诸侯来献，或无马牛之所生，而献远方之物，事实相反，不利。"特别是《吕氏春秋·异用》:"孔子之弟子从远方来者，子荷杖而问之曰:'子之公不有恙乎？'"《吕氏春秋·论人》:"豪士时之，远方来宾，不可塞也。""远方来宾"不能解作"远并来宾"。"从远方来"更与"自远方来"同。以上可谓铁证如山，俞樾之说显不可信。

三、表层义与深层义

"学而"章三句的关系及其意义学界也颇有争议。

古人多视此章三句为相互连贯的一个整体。如皇侃《义疏》云："就此一章分为三段，自此至'不亦说乎'为第一，明学者幼少之时也，学从幼起，故以幼为先也。又从'有朋'至'不亦乐乎'为第二，明学业稍成，能招朋聚友之由也。既学已经时，故能招友为次也。……又从'人不知'讫'不亦君子乎'为第三，明学业已成，能为师为君之法也。先能招友，故后乃学成为师君也。"又引李充说："明夫学者始于'时习'，中于讲肄，终于教授者也。"[1] 邢昺疏亦同[2]。这是说此章讲的是一个从"学习"到"教授"的过程。

今人也有视三句为一个整体者，只是理解各有千秋。

陈晓强认为："'学而'章三句话次第极分明、联系极紧密：学而时习，学者自修之事；朋自远来，以友辅学之事；不知不愠，学以致用之事。全章以'学'为核心，学、行结合，将其置于《论语》首章首篇是有深意可寻的。"[3] 叶秀山说："孔子这句话是对他的学

---

[1] 文渊阁《四库全书》经部四书类《论语集解义疏》卷一。
[2] 何晏注、邢昺疏：《论语注疏》卷第一，阮元校刻：《十三经注疏》，第2457页。
[3] 陈晓强：《〈论语〉"学而"章辨义》，《甘肃教育学院学报（社会科学版）》2004年2期。

生说的，意思是：你们来我这里，当然是'学'，但不仅是'学'，而且要'习'……接下去的话'有朋自远方来，不亦乐乎'，是表示对'学生'的欢迎。……当然也可以指弟子们从四面八方相聚在一起的意思；再接下去的那句话'人不知而不愠，不亦君子乎'是要弟子们和睦相处，因为初次相识，不够了解，不要闹矛盾。这样，这三句话才有了连贯的意思，不仅仅是互相独立的教导。"[1]这些说法尽管也有出入，但与古训也还距离不远。

李启谦则别创新说："该章实际上说的是，孔子对其学说三种不同境遇的三种不同态度。第一种最高兴；第二种也快乐；第三种不悲观不失望。……按照这一新解释，《论语》一开头就讲孔子对其学说的基本态度。首先要争取实现自己的理想；若退而求其次，则要得到很多人的理解和支持；最后若不被人知，也要抱定信念，不失君子的品格。"[2]

不过今天学界主流的看法却大相径庭，认为"《论语》首章，并不具有深意"[3]，"三句话三个意思，前后互不连贯，前面说的是学了后再时常温习的问题，中间说的是来了朋友的问题，后面说的是别人不了解自己，自己也不生气的问题，前、中、后三者的内容根本不接茬"[4]，"三句话没有有机的联系。前人或欲将三句皆与学习

[1] 叶秀山：《"学而时习之"及其他》，《开放时代》1996 年第 1 期。
[2] 李启谦：《关于"学而时习之"章的解释及其所反映的孔子精神》，《孔子研究》1996 年第 4 期。
[3] 李泽厚：《论语今读》，第 27 页。
[4] 李启谦：《关于"学而时习之"章的解释及其所反映的孔子精神》，《孔子研究》1996 年第 4 期。

联系起来，似乎失于牵强"[1]。

从字面上的释读来看，这一看法确实有道理。李充、皇侃、邢昺等认为"学而"章三句讲的是一个从"学习"到"教授"的过程，其实是有问题的。

将"有朋"句说成是"朋来"而"讲习"还说得过去，但将"人不知而不愠"句说成是"教授"，今天的学者恐怕大多不会接受。

"人不知而不愠"句皇侃《义疏》云："此有二释，一言古之学者为己，己学得先王之道，含章内映而他人不见知而我不怒，此是君子之德也。有德己为所可贵，又不怒人之不知，故曰亦也。又一

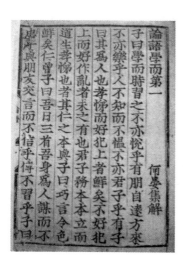

通云：君子易事，不求备于一人，故为教诲之道，若人有钝根，不能知解者，君子恕之，而不愠怒之也。"[2]此是说"人不知"一作"他人不见知"，也就是"别人不了解自己"；一作人"不能知解"，即他人不能通晓。所谓的"教授"说，即取第二解。如取第一解，"教授"说就无从谈起。

一通、李充、皇侃、邢昺皆以"人不知"为人"不能知解"，故训"愠"

[1] 黄怀信：《〈论语·学而〉篇校释献疑》，韩国成均馆大学：《儒教文化研究》第五辑，2005年。
[2] 文渊阁《四库全书》经部四书类《论语集解义疏》卷一。

为"怒"。何晏将"人不知"解为"凡人有所不知",实质也是取人"不能知解"说,故也训"愠"为"怒"[1]。但陆德明《经典释文》此句却载:"郑云:怨也。"[2]是郑玄注训"愠"为"怨"。按:《论语·公冶长》篇:"令尹子文三仕为令尹,无喜色;三已之,无愠色。"吐鲁番阿斯塔那363号墓出土的"孔氏本郑氏注"云:"愠之言怨。"[3]《论语·卫灵公》篇:"在陈绝粮,从者病,莫能兴。子路愠见曰:'君子亦有穷乎?'"《史记·孔子世家》引此下文紧接云:"孔子知弟子有愠心。""愠心"即"怨心"。由《史记·孔子世家》"愠心"可知"愠见"之"愠"也当解为"怨"。《论语》"愠"字仅出现三处,其他两处皆解为"怨","人不知而不愠"之"愠"亦应如此。因此,郑玄注训"愠"为"怨",较之何晏、一通、李充、皇侃、邢昺训"怒",应该更为贴切。今人的注解如杨伯峻、钱穆、程石泉等,多解"愠"为"怨",当属有见。

懂得"愠"当解为"怨","人不知"就只能解作"他人不见知",而不能解作人"不能知解"。因为"怨"一般是下对上、弱势者对强势者而言的。孔子教学生,学生鲁钝,"不能知解",孔子岂能"怨"?而"人不知而不愠"作"他人不见知而不怨",则与《论语·学而》《论语·宪问》篇的"不患人之不己知"、《论语·里仁》篇的"不患莫

---

[1] 何晏注、邢昺疏:《论语注疏》卷第一,阮元校刻:《十三经注疏》,第2457页。毛奇龄《四书剩言》:"何平叔云:'凡人有所不知,君子不怒。'其云'有所不知'者,言学有所不解也。'君子不怒'者,犹言'君子易事,求备'也。"(程树德:《论语集释》,第8—9页)
[2] 陆德明:《论语音义》,《经典释文》,第345页。
[3] 王素:《唐写本论语郑氏注及其研究》,第44页。

己知"、《论语·卫灵公》篇的"不病人之不己知也"若合符节[1]。认定这一点，李充、皇侃、邢昺的连贯说自然也就不能成立了。陈晓强的"学以致用"说、叶秀山的"和睦相处""不要闹矛盾"说从"人不知而不愠"的原文里是读不出来的，他们想要连贯三句的义理，但实际上很难取信。

李启谦的新说是从刘家齐之文[2]发展出来的，并且得到了杨朝明[3]的一再推崇。其实李之说是经不起推敲的。第一，将"学而时习之"讲成"如果我的学说被时代（或社会）所采用"并不符合当时的语言习惯。上文已经讨论过"学"字在"而"前不好作名词了。即使能作名词，也与"习之"的"之"字冲突，语感上有问题。"习"训采用，早期文献里难以找到适当的例证。"时习"解为"时代（或社会）所采用"，不知这样的例子是否还能找出一个来？语言可是一种社会现象，是用来交际的啊！第二，李所谓此是"孔子对其学说三种不同境地的三种不同态度。第一种最高兴；第二种也快乐；第三种不悲观不失望"[4]，但我们能说"不亦说乎"就高于"不亦乐乎"，"不亦乐乎"就高于"不亦君子乎"吗？《论语·雍也》篇载"子曰：'知之者不如好之者，好之者不如乐之者。'"怎么到这里"乐"

---

[1] 参见陈大齐：《论语臆解》第 5 页。

[2] 刘家齐：《"学而时习之"章新解》，《齐鲁学刊》1986 年第 6 期。

[3] 杨朝明：《〈论语〉首章与〈孔子家语·屈节〉篇——孔子政治命运悲剧的两个诠释》《新出竹书与〈论语〉成书问题再认识》，黄怀信、李景明主编：《儒家文献研究》，齐鲁书社 2004 年版，第 15、74 页。

[4] 李启谦：《关于"学而时习之"章的解释及其所反映的孔子精神》，《孔子研究》1996 年第 4 期。

就变成了比较级中的第二等级？第三，李的译文"如果我的学说被时代（或社会）所采用，那不就太值得高兴了吗？（退一步说，如果时代没采用），可是有很多赞同我的学说的人从远方而来（和我一同讨论问题），不也很快乐吗？（再退一步说，不但社会没采用，而且人们也不理解我的学说），我也不恼怒，不也是有道德修养的君子吗？"[1] 这里加进了太多的东西。用这种办法把任何三句不相关的话，都可以建立起义理联系来。可以说，这种新说较之李充、皇侃、邢昺的古训，更难令人信服。

那么，"学而"章真的就是三句各不相关的话吗？从《论语》的体例来看，这是不可能的。《论语》共20篇、498章，每一章都是前后连贯地说明一个事、理，不仅六七个字一章的是如此，就是长达315字的《论语·先进》篇中的"子路、曾皙、冉有、公西华侍坐"章也是如此，唯独"学而"章特别，这是说不过去的，不符合《论语》的各章前后连贯的体例[2]。因此，问题只能出在我们对"学而"章文义的释读上。

根据上文的考证，将"学而"章译为现代汉语就是，孔子说："学了之后就及时地实习，不也是很高兴的事吗？朋友从很远的地方赶来，不也是很快乐的事吗？人家不了解而我却不怨恨，不也是君子吗？"这种严格忠实于原文的翻译，揭示的只是"学而"章的表层

[1] 李启谦:《关于"学而时习之"章的解释及其所反映的孔子精神》,《孔子研究》1996年第4期。
[2] 李启谦:《关于"学而时习之"章的解释及其所反映的孔子精神》,《孔子研究》1996年第4期。

义，似乎看不出三句之间有何内在联系。

但循此再追究其深层义，我们就会发现孔子这是在宣示其为学的宗旨。

先来看"学而时习之，不亦说乎"。李启谦说："学了以后再温习一下是应当的。但如果没有新体会、新见解和新发现，只是温习再温习，当不会有多大的高兴可言。"[1]这一分析颇有启发性。我们固然可以说孔子乐在"学""习"中，但这种解释太一般化了。"不亦说乎"，不是一般的"悦"，而是很"悦"，非常"悦"。这样的"悦"，恐怕不在于"学""习"这样的过程，而应该是"学""习"所产生的结果导致的。孔子说："温故而知新，可以为师矣。"(《论语·为政》)"学而时习之"能"不亦说乎"的原因，应该是"学而时习之"以"知新"所致。孔子"祖述尧、舜，宪章文、武"(《礼记·中庸》)，由此发展出自己的仁学。有此贡献，怎能"不亦说乎"？因此，此句的深层义当指学了理论而及时实习获得新知，是最令人喜悦的。这是"夫子自道"，是孔子思想成熟后的"夫子自道"。杨树达说："'学而时习'，即'温故'也；'温故'能'知新'，故'说'也。"[2]可谓先得我心。

而"有朋自远方来，不亦乐乎？人不知而不愠，不亦君子乎"两句的深层义则是讲对待"穷""达"两种境遇的态度。

[1] 李启谦：《关于"学而时习之"章的解释及其所反映的孔子精神》，《孔子研究》1996年第4期。
[2] 杨树达：《论语疏证》，科学出版社1955年版，第1页。

"有朋自远方来"，自古至今，人们都认为是"朋友讲习"，但这也只是表层义。其深层义则是指其新知为人们普遍接受，是"达"的表现。《周易·系辞传》："子曰：'君子居其室，出其言善，则千里之外应之，况其迩者乎？'"朱熹《集注》："自远方来，则近者可知。"[1]所以，"有朋自远方来"是举"远"以赅"近"，实质是指其说广为人知，人们竞相学习。种瓜得瓜，种豆得豆，辛勤耕耘而获丰收，孔子也是凡人，怎么就不能"不亦乐乎"？

"人不知而不愠"的深层义前人已经道出。阮元《揅经室集》："'人不知'者，世之天子诸侯皆不知孔子，而道不行也。"[2]"人不知""而道不行"，孔子为什么不怨恨呢？皇侃《义疏》指出："一言古之学者为己，己学得先王之道，含章内映而他人不见知而我不怒，此是君子之德也。"[3]就是因为"古之学者为己"（《论语·宪问》）。"为己者因心以会道"（《后汉书·桓荣传》），"得一善言，以附其身"（《北堂书钞》引《新序》），"君子之学也，以美其身"（《荀子·劝学》）。既是修身内求，"世之天子诸侯皆不知""而道不行"，又有何怨？而"今之学者为人"（《论语·宪问》），"为人者凭誉以显物"（《后汉书·桓荣传》），"得一善言，务以悦人"（《北堂书钞》引《新序》），一心是向外求。既是外求，"人不知""而道不行"，自然就会怨恨。所以，"人不知而不愠"，对于孔子来说，有其必然之理。所谓"不

---

[1] 朱熹：《论语集注》卷一，《四书章句集注》，第47页。
[2] 阮元：《揅经室集》，中华书局1993年版，第50页。
[3] 文渊阁《四库全书》经部四书类《论语集解义疏》卷一。

患人之不己知，患不知人也"（《论语·学而》）、"不患人之不己知，患其不能也"（《论语·卫灵公》）、"不患无位，患所以立；不患莫己知，求为可知也"（《论语·里仁》）、"君子病无能焉，不病人之不己知也"（《论语·宪问》），说的都是"为己"之学，而非"为人"之学的道理。

由此可知，"学而"章三句是义理连贯的一个整体。"学而时习之，不亦说乎"，是说学了理论而及时实习获得新知，是最令人喜悦的。"有朋自远方来，不亦乐乎"，是说其新知为人们普遍接受，令人快乐。"人不知而不愠，不亦君子乎"，是说别人不了解其新知，作为君子也不应该怨恨。为什么呢？因为寻求"新知"是为了修身，是"为己"之学，而不是"为人"之学。这就是"学而"章三句的深层义，是孔子真正想要宣示的为学宗旨。

由此来看"《学而》何以第一"的问题[1]，答案非常清楚：这是《论语》的编者倾向于内圣之学而精心编辑的结果。柳宗元（773—819）认为《论语》"卒成其书者，曾氏之徒也"[2]。曾参一系，偏向于内圣一途，其弟子编辑《论语》，将孔子宣示"为己"之学的"学而"一章，置于篇首，又以"不患人之不己知，患不知人也"殿后，精心构成《论语·学而》篇。再将《论语·学而》篇冠于全书之首。这样，实质定义了《论语》与孔子之学的性质，确立了其学派在儒学诸派中的正统地位。这种编排，尽管不排除有功利的成分，但

---

[1] 陈科华：《〈学而〉何以第一——〈论语〉的文本结构与孔子的思想关联》，《船山学刊》1997年第1期。本文有专门讨论，可参看。

[2] 柳宗元：《论语辨》，《柳河东集》卷四，上海人民出版社1974年版，第69页。

也基本符合孔子思想和学说的实际。以此来看，读懂"学而"章，透过其表层义把握其深层义，对于孔子思想和早期儒学的研究，有其不容忽视的意义。

第八章　孔子学习过《周易》吗？
——"加我数年，五十以学《易》，可以无大过矣"章的检讨

　　从帛书《要》篇和《论语·述而》篇看，孔子的易学观曾经有过很大的变化。孔子早年以前，不但不好《易》，反而视好《易》为求"德行""逊正而行义"的对立面。到晚年以后，他一反常态，好《易》竟到"居则在席，行则在橐"的痴迷地步。孔子晚年易学观的这种转变是因为他发现《周易》一书蕴涵着深刻的哲理，有"古之遗言"。这种认识，可能是孔子见到了鲁太史所藏、载有"周公之德"和"周之所以王"的《易象》一书所致。

　　《论语·述而》篇记载："子曰：'加我数年，五十以学《易》，可以无大过矣。'"此章后人训解多歧，近代以来，疑古风盛，争论更趋激烈。

　　"五十以学易"章的争论有二：一是所谓"鲁读"问题，二是对于章旨的理解。

　　所谓"鲁读"问题，根于唐人陆德明《经典释文》，其卷第二十四《论语音义》云：

　　学易：如字。《鲁》读"易"为"亦"，今从《古》。

　　这就是说《古论》"学易"之"易"字，《鲁论》读作"亦"字，陆德明认为《鲁论》之异文不可从，应从《古论》。

　　清代惠栋方对陆氏之说提出异议，他以《鲁论》"亦"字为是，并举出《外黄令高彪碑》"恬虚守约，五十以"为证[1]。日本人本田成之据此，提出"《易》为孔子、子思、孟子所完全不知"说[2]，以一字之异文，欲翻中国学术史上之重案。近人钱玄同、钱穆、李镜池、郭沫若、李平心等皆步其后尘，否认孔子与《周易》有关[3]。在学术界造成了很大的影响。

　　反对从"鲁读"的人也很多，其中论述最为有力的要数李学勤先生。其《"五十以学易"问题考辨》一文认为，"易""亦"异文是由同音通假而致。而"易""亦"二字在上古音中韵部并不相同，"易"在锡部，"亦"在铎部，因此不能相借。西汉以后，锡部、铎部之字才开始押韵，"易""亦"两字之音方相接近。所以"易""亦"的通假应是两汉以后的事，不可能发生在西汉。鉴于司马迁《史记·孔子世家》

［1］黄焯：《经典释文汇校》，中华书局1980年版，第211页。
［2］［日］本田成之：《作易年代考》，《支那学杂志》第一卷二、三号，1920年；又载江侠庵编译：《先秦经籍考》上册，商务印书馆1931年版。
［3］钱玄同之说载于《读书杂志》第十期，张心徵《伪书通考》有引；钱穆《论十翼非孔子所作》，李镜池《易传探源》，皆载《古史辨》第三册，郭沫若《周易之制作时代》载《青铜时代》；李平心：《关于周易的性质历史内容和制作时代》，《学术月刊》1963年第7期。

表明西汉时已有作"易"的本子，那么作"亦"必然是晚出的[1]。

李先生认为作"亦"的"鲁读"晚出，从出土材料中完全可以得到证明。1973年底，长沙马王堆三号汉墓中出土了帛书《要》篇。从墓中的随葬木牍中可知，该墓葬于汉文帝前元十二年，即公元前168年。帛书《要》篇的抄写时间当在此之前。从《要》篇的书写形制、篇题及其所记字数来看，帛书《要》篇系抄本无疑，应有篆书竹简本存在。从篆书竹简本写成到被抄为帛书，《要》篇应有一段流传的时间。《要》系摘录性质之书[2]，其材料来源应较其成书更早。考虑到秦始皇在公元前213年根据李斯所议制定了《挟书令》，而该令直到汉惠帝四年（前191）才得以废除。考古发掘表明，迄今在《挟书令》施行时期以内的墓葬，所出土书籍均未超出该令的规定[3]。所以，帛书《要》篇的记载不可能出自汉初，也不可能出自秦代，应该会早到战国。

帛书《要》篇的最后两节，一称"夫子老而好《易》，居则在席，行则在橐"，一称"孔子繇（籀）《易》至于损、益一卦，未尚（尝）不废书而叹，戒门弟子曰"。这一记载与司马迁《史记·孔子世家》

---

[1] 李学勤：《"五十以学易"问题考辨》，《中国文化与中国哲学(1988)》，生活·读书·新知三联书店1990年版；又载《周易经传溯源》，长春出版社1992年版，第一章第五节。按：定州汉简本《论语》"易"作"亦"，单承彬认为当为"鲁论"，其说是（单承彬：《论语源流考述》，吉林人民出版社2002年版）。如此说来，李"'易''亦'的通假应是两汉之际以后的事，不可能发生在西汉"之说过于保守（日本东京大学教授池田知久已有批评），应提前至西汉中期或后期。

[2] 详见廖名春：《论帛书〈系辞〉的学派性质》，《哲学研究》1993年第7期。

[3] 李学勤：《论新出简帛与学术研究》，《传统文化与现代化》1993年第1期。

《古论》等是一致的，说明早在战国时代，就有孔子"好《易》""籀《易》"之说了。"籀《易》"即读《易》，义与"学《易》"同。由此可见，据晚出"鲁读"之异文，说"孔子与《易》并无关系"，是完全错误的。

根据帛书《要》篇的记载探讨《论语》"五十以学《易》"章的章旨，更能说明问题。

要厘清"五十以学《易》"章的章旨，最大的问题在于确定孔子说这段话的时间。《论语》记孔子的言行，并不以时间为线索。但司马迁《史记·孔子世家》则把这段话排在孔子暮年返鲁之后，系孔子"晚而喜《易》"时之言。同书记载："孔子之去鲁，凡十四岁而反乎鲁。"孔子去鲁在鲁定公十三年（前497），返鲁则为鲁哀公十一年（前484），时孔子六十八岁。司马迁所谓"晚"，应系孔子六十八岁返鲁以后至其七十三岁时去世这一段时间。但后人多不以司马迁的记载为然。如刘宝楠就说："《世家》与《论语》所述不在一时。"[1]"《世家》将《论语》随意编入，其先后不足为据。"[2]

从郑玄开始，注家多以孔子说这一段话的时间在其五十岁之前，抄写于唐昭宗大顺元年（890）二月的敦煌文书伯希和2510号为郑玄《论语·述而》等篇注，其注曰：

加我数年，年至五十以学此《易》，其义理可无大过。

---

[1] 刘宝楠：《论语正义》，《诸子集成》第一册，第144页。
[2] 程树德：《论语集释》，第471页。

孔子时年卌（四十）五六，好易，玩读不敢懈倦，汲汲然，
自恐不能究竟其意，故云然也[1]。

后来三国时期魏国何晏的《集解》说"年五十而知天命，以知
命之年读至命之书，故可以无大过矣"，南朝梁皇侃《义疏》说"当
孔子尔时年已四十五六"，宋代邢昺《论语注疏》说"加我数年，
方至五十，谓四十七时也"云云，显然皆由郑之说而来。

后人对以上说法进一步加以探讨。崔适《论语足征记》说：

> 《史记·世家》："孔子年四十三，而季氏强僭，其臣
> 阳货作乱专政，故孔子不仕，而退修《诗》《书》《礼》《乐》。
> 弟子弥众。"其言正是与此章及下《雅言》章相证明。口
> 授弟子，故须言；修而理之，故其言须雅。方以《诗》、
> 《书》、执礼为事，故未暇学《易》，而学《易》必俟之年
> 五十也。人之寿数不可豫知，故言"加我数年"。数年者，
> 自四十三至五十也。

官懋庸《论语稽》也说：

> 此孔子四十二岁以后，自齐返鲁，退修《诗》《书》《礼》
> 《乐》时语也。盖《诗》《书》《礼》《乐》之修，非数年之
> 功不可。因《诗》《书》《礼》《乐》而思及《易》，情之常也。
> 方修《诗》《书》《礼》《乐》而未暇及《易》，理之常也。

---

[1] 王素：《唐写本论语郑氏注及其研究》，第78页。

　　五十以前说有一个难以解决的问题，就是孔子为什么一定要等到五十岁才学《易》[1]。如果说是"未暇"，既有暇"修《诗》《书》《礼》《乐》"，为什么唯独"未暇""学《易》"？如果说"年五十而知天命，以知命之年"方能读《易》这一"至命之书"，那么，"未至五十焉知是年知命？又焉知他年赞《易》有至命之年耶？"[2]为了解决"五十"这一难题，前人想尽了种种办法。或改变章文的断读，以"五"一读，"十"一读，成"加我数年五、十，以学《易》……"或改变章文的理解，说"非以五十之年学《易》，是以五十之理数学《易》"。或改变章文的文字，将"五十"改作"卒"字、"吾"字，"七十""九十"等[3]。凡此种种，皆属穿凿[4]。

　　如将司马迁《史记·孔子世家》记孔子这一段话排在其暮年返鲁之后，"五十"二字就非常好理解了。"五十以学《易》"之"学"，其实就是《史记》《汉书》"晚而喜《易》"之"喜"帛书《要》篇"老而好《易》"之"好"。"喜""好"与"学"虽有程度的不同，所反映出的事实却是一样的。能知"五十以学《易》，可以无大过矣"，这样的"学"，绝非初学，亦绝非一般性的学。因为一般性的学，看到的只是吉凶悔吝，绝不会看出《周易》是寡过之书。所以，《论语》此章的"学"，实质就是《史记》、《汉书》、帛书《要》篇之"喜""好"。只不过"喜《易》""好《易》"是他人对孔子的客观描述，而"学《易》"

---

[1] 如毛奇龄《论语稽求篇》就说："幼习六艺，便当学《易》，何况五十？"
[2] 崔适：《论语足征记》，转引自程树德：《论语集释》卷十四。
[3] 详见程树德《论语集释》第471页所引。
[4] 详见李学勤《"五十以学〈易〉"问题考辨》一文的分析。

则是孔子的谦称罢了。

由此可知，《论语》此章是孔子晚年深入学《易》之后的追悔之言。其意思是说：再多给我几年时间，只要我从五十岁时就像现在这样学《易》，就可以不犯大的错误了。其情形犹如我们今日学外文，早年学而不好，现在为事所迫下了一些功夫，尝到了甜头，心里不免有所追悔：要是再多有几年时间，从过去的某某时候起就用功，现在掌握的程度肯定会更深。这一理解从帛书《要》的记载完全可以得到印证。

帛书《要》篇有一节文字，详细记载了孔子"晚而学易"而和其弟子子赣（贡）辩论的情况。其文曰：

> 夫子老而好《易》，居则在席，行则在橐。子赣曰："夫子它日教此弟子曰：'惠（德）行亡者，神需（灵）之趋；知（智）谋远者，卜筮之繁（繁）。'赐以此为然矣。以此言取之，赐缗行之为也。夫子何以老而好之乎？"夫子曰："君子言以矩（榘）方也。前（剪）羊（祥）而至者，弗羊（祥）而巧也。察其要者，不趋（诡）其德。《尚书》多令（疏）矣，《周易》未失也，且又（有）古之遗言焉。予非安其用也。"……"赐闻诸夫子曰：'孙（逊）正而行义，则人不惑矣。'夫子今不安其用而乐其辞，则是用倚（奇）于人也，而可乎？"子曰："校（绞）戈（哉），赐！吾告女（汝），《易》之道……故《易》刚者使知瞿（惧），柔者使知刚，愚人为而不忘（妄），傲（渐）人为而去诈（诈）。文王仁，不得其志以成其虑，纣乃无道，文王作，讳而辟

（避）咎，然后《易》始兴也。予乐其知……"子赣曰："夫子亦信其筮乎？"子曰："吾百占而七十当，唯周梁（梁）山之占也，亦必从其多者而已矣。"子曰："《易》，我后其祝卜矣，我观其德义耳也。幽赞而达乎数，明数而达乎德，又仁〔守〕者而义行之耳。赞而不达于数，则其为之巫；数而不达于德，则其为之史。史巫之筮，乡之而未也，好之而非也。后世之士疑丘者，或以《易》乎？吾求其德而已，吾与史巫同涂而殊归者也。君子德行焉求福，故祭祀而寡也；仁义焉求吉，故卜筮而希也。祝巫卜筮其后乎？"[1]

所谓"夫子老而好《易》，居则在席，行则在橐"，与《史记·孔子世家》"孔子晚而喜《易》……读《易》韦编三绝"同。正因为孔子"好《易》"到了"居则在席，行则在橐"的地步，所以才出现"韦编三绝"的情形。子赣对孔子这种嗜迷于《易》的行为进行了批评。从子赣所引孔子的"它日"之教，从"夫子何以老而好之乎""夫子亦信其筮乎"的责难来看，孔子晚年以前不但读过《周易》，而且还和其弟子们议论过《周易》。但是孔子对《周易》是不"好"的，原因就在于他视《周易》为卜筮之书，"好《易》"就是"信其筮""安其用"，就是亡其"德行"，远其"知（智）谋"。对他的这一观点，子赣等弟子皆"以为然"，并且"缙行之为"，努力实行。晚年的孔子尽管没有改变其轻卜筮的观点，但是对《周易》的看法却有重大的变化。他固然承认《周易》有"祝巫卜筮"之用，承认

---

[1] 这一段文字的详细考释，见廖名春：《帛书释〈要〉》，《中国文化》第 10 期。

"《易》，我后其祝卜矣"，但更重要的是他发现了"《周易》未失也，且又（有）古之遗言焉"，具有"刚者使知瞿（惧），柔者使知刚，愚人为而不忘（妄），僬（渐）人为而去詐（诈）"的功能，而且"文王作，讳而辟（避）咎，然后《易》始兴也"，里面蕴含着文王的"德义"。他自信他在这一发现上教鞭先着，故云"祝巫卜筮其后乎"。甘冒"后世之士疑丘者，或以《易》乎"的风险，"老而好《易》"，以致遭到了子赣的批评。

从帛书《要》篇所载孔子易学观的这种变化来看《论语》的"五十以学易"章，我们可以肯定孔子所说的这一段话绝不会发生在"夫子老而好易"前。因为"学易，可以无大过"是称赞《周易》"德义"的功能，其义与"《周易》未失也"同。"学易"之所以"可以无大过"，就是因为"《易》，刚者使知瞿（惧），柔者使知刚……"说孔子的"无大过"说是称赞《周易》的卜筮功能，那既不合孔子晚年以前的易学观，也不合孔子晚年以后的易学观。孔子的"无大过"说既然是称赞《周易》的"德义"，那肯定不会发生在孔子晚年之前，只能发生在"老而好易"之时。由此可见，司马迁《史记·孔子世家》将"孔子晚而喜《易》，《序》《彖》《系》《象》《文言》《说卦》，读易韦编三绝"与"假年之叹"紧接，皆排于孔子"自卫反鲁"之后，是完全正确的。

论定《论语》此章系孔子"老而好《易》"时之语，再来细探此章言外之意，也许会获得新的启示。"加我数年，五十以学《易》"，方"可以无大过"。这是一个假设句。"五十以学《易》"是虚拟条件，

"无大过"是假设结果。事实上孔子承认自己有"大过"，而且这种"大过"可以通过"五十以学《易》"加以避免。这就暗示出其所谓"大过"是在"五十"以后，当然不会晚到"自卫反鲁"之后。

孔子自认"五十"以后有"大过"，"大过"系何？史无明文，不便揣测。便从帛书《要》篇看，孔子"老而好易"前，对《周易》的认识是偏颇的，亦可谓之"过"。从上引帛书文可知，在子赣的批评面前，尽管孔子没有直接承认自己以前对《周易》的认识有误，但通过阐述新的易学观，事实上否定了自己过去的观点。《易》是讲天道之书，帛书《要》的"孔子䌛（籀）易"节就明载孔子说"《易》又有天道焉"。孔子晚年既然因"《易》又有天道焉"而好《易》，改变了其易学观，那么他的其他学术思想是否也有一定的变化呢？他是否也觉察到他以前的学术思想有"过"呢？如果说孔子晚年"老而好易"之后，对自己的思想囿于人学一端而有所追悔，因而将其发展为天人合一之学，这不仅在《论语•述而》篇的"五十以学易"章可找到线索，与传统的孔子作《易传》的说法也是相合的。

第九章　孔子治狱水平真的很一般吗?

——"听讼，吾犹人也"章的反思

　　"听讼，吾犹人也。必也使无讼乎"当作"吾犹人也，听讼，必也使无讼乎"。孔子的本意是说：我跟大家一样，听讼断狱，一定要致力于使诉讼不再发生。"吾犹人也"，是说人同此心，心同此理，我自不能例外；"听讼，必也使无讼乎"，是说我"听讼"是为了息讼，是为了止讼。这里的夫子自道，是强调其治讼的目的和特色，并非检讨自己治狱水平一般。

《论语·颜渊》篇有载：

　　子曰："片言可以折狱者，其由也与！"
　　子路无宿诺。
　　子曰："听讼，吾犹人也。必也使无讼乎！"

　　这三段话，何晏《集解》以第一段、第二段为一章，第三段为一章；皇侃《义疏》本之[1]；邢昺疏[2]、朱熹《集注》[3]同。我们今天的分章，

[1] 文渊阁《四库全书》经部四书类《论语集解义疏》卷六。
[2] 文渊阁《四库全书》经部四书类《论语注疏》卷十二。
[3] 朱熹：《四书章句集注》，第136—137页。

基本遵循了这一传统的做法。

其"听讼"一章，虽然常为我们所津津乐道，但其诠释却颇成问题。

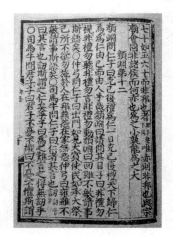

杨伯峻将此章"子曰"的内容译为："审理诉讼，我同别人差不多。一定要使诉讼的事件完全消灭才好。"[1]这是说孔子讲的是两件事，一是说自己治狱的能力，"吾犹人也"，不过尔尔，"同别人差不多"；一是说自己的心愿，"必也使无讼乎"，希望"一定要使诉讼的事件完全消灭才好"。如此说来，此章夫子自道，是说自己虽然有良好的愿望，但治狱水平却欠佳，孔子是在作检讨。这一理解于史无证，明显不能成立[2]。黄怀信则认为："'必也'，指必使听讼，旧连下为句，非。"因而译作："审理诉讼，我和别人差不多。如果一定（让我去做），（我会）使没有诉讼吧！"[3]这是说，孔子虽然自认为治讼能力一般，但如果执掌治讼大权，就能做到"无讼"。如此说来，孔子是一个缺乏自知之明的人，明明知道自己治讼能力不行，却还奢望执掌治讼大权后能做到"无讼"。这就好比100米跑水平一般的运动员，说如果一定要我参加奥运会，我就会赢一块奥运会100米跑金牌回来。这样的释读，这样理解孔子，殊

---

[1] 杨伯峻：《论语译注》，第136页。
[2] 按：孔子曾为鲁中都宰，又任鲁司寇三年，现存史籍并无其治狱不当的记载。
[3] 黄怀信：《论语新校释》，第294页。

不足取也。

南怀瑾（1918—2012）的分析是："孔子说：'听讼，吾犹人也。'这句话要注意了，真正的意思是不要有主观，听原告的话时，自己就站在原告的立场。听被告的话时，自己就站在被告的立场。以现在哲学的观念，这才是绝对的客观。然后再来判断是非。但是我们往往最容易犯的错误，是自己先有成见，所以要为任何一个人设身处地。'必也，使无讼乎！'为什么要做到那么客观，因为我们判断是非的人，最主要的目的，是使大家没有纷争，都能心气平和、心安理得、合理地得到解决。"[1]这是说，"听讼"要以己度人，替人着想，做到客观公正，因为目的都是息讼。"听讼"客观公正，就能息讼，这是有道理的。但"吾犹人也"，怎么就变成了"绝对的客观"？这样的训诂，实在是不靠谱。

孙钦善的译文是："听讼判案，我跟别人的本事差不多。能不能一定让人们没有诉讼呢？"其解释是："孔子提倡礼治，但又排斥刑罚，他主张礼治为主，刑罚为辅。"[2]按：这一译文有训诂上的错误，不能说是忠实于原文。因为以此句的"乎"为疑问语气词，以"必也使无讼乎"为疑问句，表达的只能是否定的意思。因此，绝不能将"必也使无讼乎"译为"能不能一定让人们没有诉讼呢"，只能译为："能一定让人们没有诉讼吗？"但这样，意思也就反了。变成了孔子是说，他"听讼"，跟别人的本事差不多，一定做不到"无

---

[1] 南怀瑾：《论语别裁》，第 576 页。
[2] 孙钦善：《论语本解》，生活·读书·新知三联书店 2009 年版，第 152 页。

讼"。可见，将"必也使无讼乎"理解成疑问句的确是扞格不通。

但孙氏以为此章孔子是主张礼治为主，刑罚为辅，却也渊源有自，值得注意。朱熹《集注》引范祖禹（1041—1098）曰："听讼者，治其末，塞其流也。正其本，清其源，则无讼矣。"[1]这是说孔子做"治其末，塞其流"的"听讼"之事，是"吾犹人也"，跟别人的本事差不多，但做"正其本，清其源，则无讼矣"之事，就"必也"，就只有他了。这实质是说，孔子不以治末的"听讼"见长，而是以治本的礼治见长。

朱熹《集注》又引杨时（1053—1135）说："子路片言可以折狱，而不知以礼逊为国，则未能使民无讼者也。故又记孔子之言，以见圣人不以听讼为难，而以使民无讼为贵。"[2]这将上文"片言可以折狱者，其由也与"章与此章联系了起来，认为"圣人不以听讼为难"，这一点子路一类的人都可以做到；"而以使民无讼"，也就是礼治"为贵"，这是孔子所追求的，也是子路一类的人所做不到的。为什么？因为"听讼"为治末，而"无讼"为治本。

范祖禹、杨时的礼本刑末说其实也源于古注。"必也使无讼乎"，何晏注引王肃曰："化之在前也。"皇侃《义疏》："言我所以异于人者，当讼未起而化之使不讼耳。"[3]是说孔子说他与别人不同的地方，只不过是在狱讼未发生时就将狱讼化解了，从而使狱讼不产生罢了。

---

[1] 朱熹：《四书章句集注》第137页。
[2] 朱熹：《四书章句集注》第137页。
[3] 文渊阁《四库全书》经部四书类《论语集解义疏》卷六。

所谓"化之"，就是以礼化讼，以礼息讼。皇侃进一步引孙绰（314—371）说以证之："夫讼之所生，先明其契，而后讼不起耳；若讼至后察，则不异于凡人也。此言防其本也。"[1] 是说狱讼还没有发生时，在事前就化解了其产生的根源，这样狱讼就不会发生了；如果狱讼发生后才来处理，就跟一般人没有什么不同了[2]。这是说治狱听讼要把功夫放在狱讼产生的根本，也就是礼治上。

这一解释若要再往前追溯，我们就不能不提到影响巨大的《礼记·大学》篇。其云：

> 子曰："听讼，吾犹人也，必也使无讼乎！"无情者不得尽其辞，大畏民志，此谓知本[3]。

这一段话的理解也有问题。郑玄注云："'情'犹实也。无实者多虚诞之辞，圣人之'听讼'与人同耳。必使民无实者不敢'尽其辞'，大畏其心志，使诚其意，不敢讼。""'本'，谓诚其意也。"[4] 这是说，"无情者不得尽其辞，大畏民志"这一段话也是"子曰"的内容，都是孔子所说。这样，就当标点为：

---

[1] 文渊阁《四库全书》经部四书类《论语集解义疏》卷六。
[2] 按：从文义看，"夫讼之所生"当作"夫讼之所未生"，"生"前疑脱一"未"字。故译文加上了"还没有"三字。新安鲍氏知不足斋本（见《四部要籍注疏丛刊本·论语》第 246 页），同文渊阁四库本，"生"前皆没有"未"字。
[3] 《十三经注疏》整理委员会整理：《礼记正义》（十三经注疏），北京大学出版社 2000 年版，第 1866 页。
[4] 文渊阁《四库全书》经部礼类礼记之属《礼记注疏》卷六十。

> 子曰："听讼，吾犹人也。必也使无讼乎！无情者不
> 得尽其辞，大畏民志。"[1]此谓知本。

如此，孔子就是说，听讼，我跟平常人差不多。但我一定要使人们不发生狱讼！使没有事实依据的人不敢放肆地诬陷他人，使民心大大地畏服。这就是懂得治狱的根本。

与《论语·颜渊》篇"听讼"章比较，郑玄注的断句显然有问题。尽管有"疏不破注"的传统，但孔颖达还是指出："'大畏民志'者，大能畏胁民人之志，言人有虚诞之志者，皆畏惧不敢讼，言民亦诚实其意也。'听讼吾犹人也，必也使无讼乎'，是夫子之辞。'无情者不得尽其辞，大畏民志'，是记者释夫子'无讼'之事。然能'使无讼'，则是异于人也，而云'吾犹人'者，谓听讼之时，备两造，吾听与人无殊，故云'吾犹人也'。"[2]《论语》邢昺疏也说："'听讼，吾犹人也，必也，使无讼乎'，是夫子辞。'无情者不得尽其辞，大畏民志'，是记者释夫子'无讼'之事，意与此注及王弼不同，未知谁是，故具载之。"[3]后来言《礼记·大学》者，皆取孔颖达之说，以"'无情者不得尽其辞，大畏民志'，是记者释夫子'无讼'之事"，这与"此谓知本"一样，都是《礼记·大学》的作者对孔子"听讼，吾犹人也，必也使无讼乎"的解说，是非常正确的。

从《礼记·大学》篇的解释看，"听讼"是末，所以孔子说"吾

---

[1] 按：高流水点校本的刘宝楠《论语正义》就是这样标点的，见第 503 页。
[2]《十三经注疏》整理委员会整理：《礼记正义》（十三经注疏），第 1873 页。
[3] 文渊阁《四库全书》经部四书类《论语注疏》卷十二。

犹人也"，他与众人一样。但孔子为什么说他"必也使无讼乎"，就因为他知道治本，在诚信上下功夫。这样，没有事实依据的人就不敢放肆地诬陷他人了，民心畏服了。做到了礼治，狱讼自然就无从发生了。从礼主刑辅的本末说来解说《论语》此章的思想，突出孔子司法观的哲学高度，《礼记·大学》篇应该说是开了先河。

《礼记·大学》篇的这种解释在先秦两汉文献中能得到普遍的支持。

《大戴礼记·礼察》篇云："凡人之知，能见已然，不能见将然。礼者，禁于将然之前；而法者，禁于已然之后。是故法之用易见，而礼之所为至难知也。若夫庆赏以劝善，刑罚以惩恶，先王执此之正，坚如金石，行此之信，顺如四时；处此之功，无私如天地，尔岂顾不用哉？然而曰'礼云礼云'，贵绝恶于未萌，而起信于微眇，使民日从善远罪而不自知也。孔子曰：'听讼，吾犹人也，必也使无讼乎。'此之谓也。"[1]《新书》卷十[2]、《汉书·贾谊传》[3]所载同。这在说《论语·阳货》篇孔子说的"礼云礼云，玉帛云乎哉？乐云乐云，钟鼓云乎哉"，是说礼乐的重要不仅仅在于"玉帛"这些形式、"钟鼓"这些器物，而在于罪恶还没有萌发时就先消灭了它，从极微小处培养起诚信来，使百姓一天天接近善良远离罪恶而自己并不知道。也就是说，行礼如仪是末，而通过礼乐来规范民众、教育民众才是本。

---

[1] 文渊阁《四库全书》经部礼类礼记之属《大戴礼记》卷二。
[2] 文渊阁《四库全书》子部儒家类《新书》卷十。
[3] 文渊阁《四库全书》史部正史类《前汉书》卷四十八。按：颜师古有注："《论语》载孔子之言也。言使吾'听讼'，与众人齐等，然能先以德义化之，使其'无讼'。"

而云《论语》"听讼"章孔子曰"此之谓也"，也正是这一意思。

《史记·酷吏列传》太史公曰："法令者治之具，而非制治清浊之源也。昔天下之网尝密矣，然奸伪萌起，其极也，上下相遁，至于不振。当是之时，吏治若救火扬沸，非武健严酷，恶能胜其任而愉快乎！言道德者，溺其职矣。故曰'听讼，吾犹人也，必也使无讼乎'。"[1]《汉书·酷吏传》[2]同。这是说刑罚为末，德治为本，所以孔子称"使我'听讼'，犹凡人耳，然而立政施德，则能使其绝于争讼"[3]，认为孔子强调自己所长并不是"听讼"治狱，而是以德化讼、以德息讼。

《盐铁论·大论第五十九》载"文学"辩驳"大夫"之言曰："孔子曰：'听讼吾犹人也，必也使无讼乎！' 无讼者难，讼而听之易。夫不治其本而事其末，古之所谓愚，今之所谓智。以棰楚正乱，以刀笔正文，古之所谓贼，今之所谓贤也。"[4]也认为孔子是说自己之功不在"事其末"的"听讼"，而在"治其本"的"无讼"。

王符（85？—163？）《潜夫论·德化第三十三》："是故上圣不务治民事而务治民心，故曰：'听讼，吾犹人也。必也使无讼乎！' 导之以德，齐之以礼，务厚其情而明则务义，民亲爱则无相害伤之意，动思义则无奸邪之心。夫若此者，非法律之所使也，非威刑之所强也，

---

［1］文渊阁《四库全书》史部正史类《史记》卷一百二十二。
［2］文渊阁《四库全书》史部正史类《前汉书》卷九十。
［3］《汉书》颜师古注，见文渊阁《四库全书》史部正史类《前汉书》卷九十。
［4］王利器：《盐铁论校注》，第604页。

此乃教化之所致也。"[1]此是说"上圣不务治民事",所以孔子说"听讼,吾犹人也";"务治民心","导之以德,齐之以礼",所以孔子说"必也使无讼乎"。"教化之所致","民亲爱则无相害伤之意,动思义则无奸邪之心",所以孔子之"务治"真正抓住了根本。

从《大戴礼记》到《史记》再到《汉书》,从《新书》到《盐铁论》再到《潜夫论》,它们解说《论语》"听讼"章的基本精神与《礼记·大学》篇完全相同,都是以孔子重本轻末诠释《论语》"听讼"章的思想。这一解释既维护了孔子作为"圣人"的神圣化,又照顾到了孔子思想的系统性,突出了孔子思想的核心价值和区别性特征:重德教而轻刑罚。因此,自然会被后来的注家所继承,成为众口一词的见解。所以,追根溯源,我们今天关于《论语》"听讼"章的代表性诠释,其始就出于《礼记·大学》篇。从战国到两汉,大家的口径与《礼记·大学》篇的解释都是一致的。

不过,最早的解说、最权威的解说和众口一词的解说未必是最正确的解说。从《论语·颜渊》篇"听讼"章的本文看,以《礼记·大学》篇为代表的孔子重本轻末说显然有误读原文、增字为训、过度发挥的问题。

大家知道,"听讼"的解释,从邢昺疏的"听断狱讼"[2],到杨伯峻《论语译注》的"审理诉讼"[3],当无异议。

[1]王符著、汪继培笺:《潜夫论笺校正》,中华书局1985年版,第376页。
[2]文渊阁《四库全书》经部四书类《论语注疏》卷十二。
[3]杨伯峻:《论语译注》第137页。

　　"吾犹人也"，除南怀瑾之说外，从何晏注引包咸曰到皇侃《义疏》，再到邢昺疏、杨伯峻《论语译注》，都是"我同别人差不多"的意思，解释也没有什么大的不同。

　　但是，承认"听讼，吾犹人也"是孔子自认其"听讼"能力"同别人差不多"，就带来了两个问题。

　　一是贬低了孔子的治国能力。孔子一生，孜孜以求的是将自己仁政理想付之于治国的实践，而"听讼"，再怎么说也是治国最重要的内容。一个"听讼"能力平常的人，又有什么资格要求去治国平天下呢？所以，孔子如果自认其"听讼"能力平平，实际就否定了自己从政的可能。因此，毫无疑问，孔子是绝不会这么说的。

　　二是有违历史的事实。《史记·孔子世家》云："定公以孔子为中都宰，一年，四方皆则之。由中都宰为司空，由司空为大司寇。……定公十年春，孔子摄相事。"[1] 孔子做了一年的中都宰，其治理达到了"四方皆则之"的程度。又做了三年的鲁国大司寇，是专门负责治狱的，甚至由此摄行鲁国相事。说其"听讼"能力平平，可能吗？

　　文献关于孔子"听讼"的具体内容有如下一些记载：

　　《荀子·宥坐》篇："孔子为鲁摄相，朝七日而诛少正卯。门人进问曰：'夫少正卯，鲁之闻人也，夫子为政而始诛之，得无失乎？'孔子曰：'……此小人之桀雄也，不可不诛也。是以汤诛尹谐，文王诛潘止，周公诛管叔，太公诛华仕，管仲诛付里乙，子产诛邓析、

---

[1] 文渊阁《四库全书》史部正史类《史记》卷四十七。

史付；此七子者，皆异世同心，不可不诛也。'"[1] 孔子诛少正卯事，又见于《新语·辅政》篇[2]、《说苑·指武》篇[3]、《孔子家语·始诛》篇[4]、《史记·孔子世家》[5]、《汉书·王尊传》[6]、《后汉书·李膺传》[7]等。人或不信，暂且不论。但如其可信的话，孔子将其诛少正卯与"汤诛尹谐，文王诛潘止，周公诛管叔，太公诛华仕，管仲诛付里乙，子产诛邓析、史付"相比，是不可能自认"听讼，吾犹人也"的。

《荀子·宥坐》篇又载："孔子为鲁司寇，有父子讼者，孔子拘之，三月不别。其父请止，孔子舍之。季孙闻之，不说，曰：'是老也欺予。语予曰"为国家必以孝"，今杀一人以戮不孝，又舍之。'冉子以告。孔子慨然叹曰：'呜呼！上失之，下杀之，其可乎！不教其民而听其狱，杀不辜也。三军大败，不可斩也；狱犴不治，不可刑也，罪不在民故也。嫚令谨诛，贼也；今生也有时，敛也无时，暴也；不教而责成功，虐也。已此三者，然后刑可即也。'"[8] 这一记载又见于《韩诗外传》卷三[9]、《说苑·政理》篇[10]、《孔子家语·始诛》篇[11]。此是说孔子为鲁司寇处理父子之间的官司，久拖不判，至息

［1］文渊阁《四库全书》子部儒家类《荀子》卷二十。
［2］文渊阁《四库全书》子部儒家类《新语》卷上。
［3］文渊阁《四库全书》子部儒家类《说苑》卷十五。
［4］文渊阁《四库全书》子部儒家类《孔子家语》卷一。
［5］文渊阁《四库全书》史部正史类《史记》卷四十七。
［6］文渊阁《四库全书》史部正史类《前汉书》卷七十六。
［7］文渊阁《四库全书》史部正史类《后汉书》卷九十七。
［8］文渊阁《四库全书》子部儒家类《荀子》卷二十。
［9］文渊阁《四库全书》经部诗类《韩诗外传》卷三。
［10］文渊阁《四库全书》子部儒家类《说苑》卷七。
［11］文渊阁《四库全书》子部儒家类《孔子家语》卷一。

讼乃止。鲁国的执政季孙氏因而对他有误解。孔子告诉他的学生冉有他这样做的原因是不能"不教其民而听其狱，杀不辜也"，要先教而后刑，只有制止了"嫚令谨诛"之"贼"、"生也有时，敛也无时"之"暴"、"不教而责成功"之"虐"，然后刑罚才可以施加到人们身上。从这一处置来看，孔子"听讼"的水平是相当高超的，不可能说是能力平平。

《说苑·至公》篇："孔子为鲁司寇，听狱必师断，敦敦然皆立，然后君子进曰：'某子以为何若？'某子以为云云。又曰：'某子以为何若？'某子曰云云。辩矣，然后君子［曰］：'几当从某子云云乎？'以君子之知，岂必待某子之云云然后知所以断狱哉！君子之敬让也。文辞有可与人共之者，君子不独有也。"[1]《春秋繁露·五行相生》篇也载："司寇尚礼……至清廉平，赂遗不受，请谒不听，据法听讼，无有所阿，孔子是也。为鲁司寇，断狱屯屯，与众共之，不敢自专。是死者不恨，生者不怨。"[2]《孔子家语·好生》篇[3]、《淮南子·主术》[4]也有相近的说法。这些记载一是说孔子"听狱"有民主集中制之风，不专制武断；二是说孔子为司寇清廉自律，"据法听讼，无有所阿"，以至于断狱达到了"死者不恨，生者不怨"的地步。从这些记载看，孔子"听狱"不但不可能是水平一般，而且应当是相当杰出。

［1］文渊阁《四库全书》子部儒家类《说苑》卷十四。
［2］文渊阁《四库全书》经部春秋类《春秋繁露》卷十三。
［3］文渊阁《四库全书》子部儒家类《孔子家语》卷二。
［4］文渊阁《四库全书》子部儒家类《孔子家语》卷一。

所以，无论是从事理上分析，还是从历史记载出发，说"听讼，吾犹人也"，是孔子自认其"听讼"能力"同别人差不多"都不能成立。

在承认"听讼，吾犹人也"，是孔子自认其"听讼"能力"同别人差不多"的前提下，《礼记·大学》篇为了维护孔子的权威，引入礼本刑末说，将"听讼"与"无讼"对立起来，以"听讼"为末，以"无讼"为本。这样，孔子虽然在末节上表现平平，但在根本上却远远高于众人。表面上看，孔子自认其"听讼"能力不突出的问题得到了解决，但实质上该释既从事理上陷入了归谬法，否定了孔子出仕的必要性；又有悖于历史的记载，得不到文献的支持。所以，《礼记·大学》篇这种礼本刑末说的诠释，看似高明，其实却经不起分析。

笔者认为，长期以来以"听讼，吾犹人也" 的"孔子自认其'听讼'能力'同别人差不多'解释纯粹是一种误读。"听讼，吾犹人也，必也使无讼乎"，其实当读作"吾犹人也，听讼，必也使无讼乎"。为了突出"听讼"，孔子特意将其前置，放到了"吾犹人也"之前。这种前置或者说倒装，其实是一种修辞的方法，上古文献习见。比如《论语·宪问》篇载"子曰：'君子哉若人！尚德哉若人！'"即"若人君子哉！若人尚德哉！"[1]这里是谓语前置。又《论语·颜渊》篇："何哉，尔所谓达者？"[2]即"尔所谓达者，何哉？"这里是宾语前置。《左传·闵公元年》："不如逃

---

[1] 文渊阁《四库全书》经部四书类《论语注疏》卷十四。

[2] 文渊阁《四库全书》经部四书类《论语注疏》卷十二。

之，无使罪至，为吴大伯，不亦可乎？犹有令名，与其及也。"[1]
即"与其及也，不如逃之，无使罪至。为吴大伯，犹有令名，不亦
可乎？"这里是说与其遭殃，不如逃走，不让罪名临头。出走后
做个吴国太伯那样的人，还有美名，难道不好吗？这种倒装则更
为复杂。

许世瑛对《论语》此章做过句法分析，他说：

> 引号中的第一句（按：指"听讼，吾犹人也"）是判
> 断繁句。主语"听讼"是词结，谓语"吾犹人"也是词结（准
> 判断简句）。第二句是致使繁句。"必"是修饰致使述词"使"
> 的限制词，为了要加强它的重要性，所以在"必"字底下，
> 加了一个停顿语气词"也"字，使语气可以在此一顿。"使"
> 字之下省去了一个止词兼起词的"之"字，是泛指"人"的。
> "无"等于"不"，修饰述词"讼"。"乎"是句末表测度的
> 语气词，相当于白话的"吧"字。至于这两句之间的关系，
> 可以说是补充关系[2]。

这一句法分析注重表面，但并没有吃透孔子语义的精神。"听
讼，吾犹人也，必也使无讼乎"，其实是两个句子，一个是"吾犹
人也"，另一个是"听讼必也使无讼乎"。"吾犹人也"可以说是因，
"听讼必也使无讼乎"可以说是果。因此这可以说是一个因果复句。
而作为结果分句的"听讼必也使无讼乎"，可以有两种理解。一种

---

[1] 文渊阁《四库全书》经部春秋类《春秋左传注疏》卷十。
[2] 许世瑛：《论语二十篇句法研究》，台湾开明书店，1978 年第 2 版，第 229 页。

是假设语气，即"若吾听讼，必也使无讼乎"。"听讼"是条件，"必也使无讼乎"是结果。这样的话，此时孔子尚未"听讼"，尚未成为司寇，是在向鲁君或执政的季氏求职。另一种是陈述语气，即"吾听讼，必也使无讼乎"。是说我"听讼"，追求、致力的是"使"人"无讼"。这样，孔子则是在解释自己正在进行的行为，说明孔子正在"听讼"。杨伯峻分析："孔子这话或许是刚作司寇时所说。"[1] 其实可修正为：孔子这话当是其做司寇时所说。上述《荀子·宥坐》篇所载"孔子为鲁司寇"处理"父子讼者"一事就是证明。孔子"听讼"追求"无讼"，所以"有父子讼者，孔子拘之，三月不别"。直至"其父请止"，"孔子"才"舍之"，做到了"息讼"。执政的季氏"不说（悦）"，以为孔子是渎职。其学生"冉子以告"，孔子于是对他的"息讼"之举，也就是"听讼"的问题做了一番解释。其说与《论语》此章所载虽有出入，但也可互相印证。说《论语》此章所载是孔子"为鲁司寇"处理了"父子讼者"之事后，向人解释自己的"听讼"行为，应该是信而有征的。比较起来，假设和陈述这两种理解，当以后者为是。正因为此章语义的重点是孔子向人解释自己"听讼"的特色，所以，孔子特将"听讼"两字前置以醒目。

从形式逻辑的角度看，这一段话其实省略了大前提的三段论推理。"人皆欲'使无讼'"可以说是大前提，在此省略了。"吾犹人也"是小前提。结论是"吾""听讼""必也使无讼乎"。

由此可知，此章孔子的本意是说：我跟大家一样，听讼断狱，

---

[1] 杨伯峻：《论语译注》第 137 页。

一定要致力于使诉讼不再发生。"吾犹人也",是说人同此心,心同此理,我自不能例外;"听讼,必也使无讼乎",是说我"听讼"是为了息讼,是为了止讼。这里的夫子自道,是强调其治讼的目的和特色,并非检讨自己治狱水平一般。完全用不着来贬低孔子的治狱水平,也完全用不着引进礼本刑末说,制造"听讼"与"无讼"的矛盾。因此,可以说,《礼记·大学》篇是在误读"听讼,必也使无讼乎"句的基础上增字解经,从而对《论语》"听讼"章做出了错误的诠释。

《礼记·大学》篇的作者,《礼记》郑玄注没有明言,程颢(1032—1085)以为"《大学》乃孔氏遗书"[1]。朱熹认为其"《经》一章,盖孔子之言,而曾子述之","其《传》十章,则曾子之意而门人记之也"[2]。影响至深,几成定论。但后人亦有不信者,如冯友兰(1895—1990)认为《礼记·大学》"出于荀子后学"[3],徐复观(1903—1982)以为其成书于秦汉之际[4],日本人武内义雄(1886—1966)更认为《礼记·大学》是汉武帝以后的作品[5]。现在看来,《礼记·大学》当为秦之前、战国时代的作品,其出于曾子后学的可能性最大。其对《论语》"听讼"章的解说并非"孔子之言,而曾子述之",也不一定是"门人记之""曾子之意"。其时距孔子已远,曾子后学误

[1] 文渊阁《四库全书》子部儒家类《二程遗书》卷二上。
[2] 朱熹:《四书章句集注》,第1、4页。
[3] 冯友兰:《中国哲学史》,中华书局1963年版,第437页。
[4] 徐复观:《中国人性论史·先秦篇》,湖北人民出版社2001年版,第233—240页。
[5] [日]武内义雄:《两戴记考》,江侠庵编译:《先秦经籍考》上册,商务印书馆1933年版,第183页。

读了孔子之说，百密一疏，千虑一失，亦属可能。

比如《礼记·大学》篇下文："《诗》云：'穆穆文王，于缉熙敬止！'为人君，止于仁；为人臣，止于敬；为人子，止于孝；为人父，止于慈；与国人交，止于信。"郑玄注："此美文王之德光明，敬其所以自止处。"[1] 从"为人君，止于仁；为人臣，止于敬；为人子，止于孝；为人父，止于慈；与国人交，止于信"来看，《礼记·大学》的作者是把《诗·大雅·文王》篇"于缉熙敬止"的"止"看成了实词"居止"之"止"。但孔颖达疏却云："止，辞也。《诗》之本意，云文王见此光明之人，则恭敬之。此《记》之意，'于缉熙'，言呜呼文王之德缉熙光明，又能敬其所止以自居处也。"[2] 孔颖达这是说，"止"在《诗经》本文里，本来是虚词，"敬止"是"恭敬之"的意思。但在《礼记·大学》篇，却被理解为"居止"之"止"。这实质是说《大学》篇断章取义，曲解了《诗》意。朱熹虽然在《大学章句》说："《诗·文王》之篇。穆穆，深远之意。于，叹美辞。缉，继续也。熙，光明也。敬止，言其无不敬而安所止也。引此而言圣人之止，无非至善。五者乃其目之大者也。学者于此，究其精微之蕴，而又推类以尽其余，则于天下之事，皆有以知其所止而无疑矣。"[3] 将"止"解为"居止"之"止"。但其《诗集传》却云："止，语辞。……言

---

[1] 文渊阁《四库全书》经部礼类礼记之属《礼记注疏》卷六十。
[2] 文渊阁《四库全书》经部礼类礼记之属《礼记注疏》卷六十。
[3] 朱熹：《四书章句集注》，第5页。

穆穆然文王之德，不已其敬如此。"[1] 现代学者多接受孔疏，认定是《礼记·大学》篇误读了《诗·大雅·文王》篇之文。如劳思光就说："但'于缉熙敬止'一语，引于此处，分明将原诗中之'止'字视作与《大学》所论之'止'相同者。此显与《诗经》原句之意不符。原句之'止'字，当是一虚字，不似有'归宿'之意。"[2] 清华简第三册《周公之琴舞》篇有今本《诗·周颂·敬之》篇全文。今本的"维予小子，不聪敬止"之"敬止"，清华简本就写作"敬之"[3]。这说明"敬止"就是"敬之"，《礼记·大学》篇不明《诗·大雅·文王》篇"敬止"之"止"是借字，以"假借之字而强为之"说，确实是犯了文不对题的错误。

由此看，《礼记·大学》篇误读了《论语》"听讼"章之义，也并非偶然。在重视先秦孔门后学经说的同时，对其解经的错误，对其误读孔子思想的问题，我们也应该有足够的警惕。

---

[1] 文渊阁《四库全书》经部诗类《诗经集传》卷六。按：戴震有云："'敬止'者，言敬慎其止居不慢也。故《礼记·大学》篇引之，以明'止于至善'；《缁衣》篇引之，以明慎言行。说《诗》者以'止'字为辞助而已，于引扦格则归之于断章取义。考古人赋诗断章，必依于义可交通，未有尽失其义、误读其字者。使断章取一句而并其字不顾，是乱经也。"见戴氏著：《毛郑诗考正》卷三，张岱年主编：《戴震全集》第1册，黄山书社1995年版，第634页。
[2] 劳思光：《新编中国哲学史》第2卷，广西师范大学出版社2005年版，第41页。
[3] 清华大学出土文献研究与保护中心编、李学勤主编：《清华大学藏战国竹简（三）》，中西书局2012年版，第133页。

前为孔子，后为颜回，晋代顾恺之绘

第四编 老大难的问题

在《论语》研究中始终有一些老大难的问题。不破解这些难题,《论语》的真精神就把握不了,只能似是而非,甚至张冠李戴。下面,我们就以《论语·乡党》篇的"色斯举矣"章、《论语·为政》篇的"色难"和"六十而耳顺"、《论语·学而》篇的"贤贤易色"、《论语·尧曰》篇的"允执其中"五个问题为对象,探赜索隐,通幽洞微,来了解孔子的真思想。

孔子向乐师请教学琴

第十章 "色斯举矣"章新解

> "色斯举矣"之"色"当读为"疑"。"翔而后集"之"翔"当读为"祥",是"色（疑）"的反义词。"子路共之"之"共"当作"拲",也就是"执"。"三嗅而作"的主语并非孔子,而是"山梁雌雉"。所谓"三"者,形容"山梁雌雉"之"嗅"是多次,是在不断地进行。"色斯举矣,翔而后集。曰:'山梁雌雉,时哉时哉!' 子路共之,三嗅而作"是说:惊恐就飞走,感到安全后才又停落下来。孔子感慨道:"这些山间堤堰上的母野鸡,得其时呀!得其时呀!" 子路想用双手去抓,母野鸡嗅了嗅,感到危险,就猛地飞走了。

《论语·乡党》篇有云:

> 色斯举矣,翔而后集。曰:"山梁雌雉,时哉时哉!"子路共之,三嗅而作[1]。

此章虽无没有太多的难字,但文义却并不好解。以致朱熹屡云"此必有阙文",认为"不可强为之说",只能"姑记所闻,以俟知者"[2]。

---

[1] 文渊阁《四库全书》经部四书类《论语集解义疏》卷五。
[2] 文渊阁《四库全书》经部四书类《四书章句集注·论语集注》卷五。

杨伯峻[1]、程石泉之说近同[2]。所以，此章之难，为世所公认。

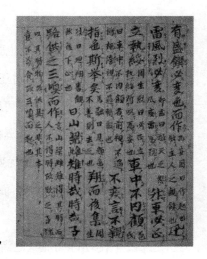

开头一句"色斯举矣"，就是一大公案。其"色"字，传统的主流解释都以"颜色"或"脸色"为说。如马融（79—166）曰："见颜色不善则去之。"[3] 杨伯峻的译文就作："孔子的脸色一动，野鸡便飞向天空。"[4]

不过将"色"解为"颜色不善"或"脸色一动"，虽说通了文义，但增字解经，毕竟牵强。因此，学人们提出了种种新解。

王引之《经传释词》："'色斯'者，状鸟举之疾也。与'翔而后集'意正相反。'色斯'，犹色然，惊飞貌也。《吕氏春秋·审应》篇曰：'盖闻君子犹鸟也，骇则举。'哀六年《公羊传》曰：'诸大夫见之，皆色然而骇。'何晏注曰：'色然，惊骇貌。'盖与此相近也。汉人多以'色斯'二字连读。"[5] 此是说"色"意思为"惊飞"，相当于《吕氏春秋·审应》篇所谓"骇"，"斯"为形容词词缀，相当于"然"。

戴望《注论语》进而曰："'色斯'，犹歊然，惊骇貌，言鸟歊

［1］杨伯峻：《论语译注》，第 115 页。
［2］程石泉：《论语读训——附学庸改错》，第 182—183 页。
［3］文渊阁《四库全书》经部四书类《论语集解义疏》卷五。
［4］杨伯峻：《论语译注》第 115 页。
［5］王引之：《经传释词》，第 170 页。

然高举,仿佯远视而后下止。"[1]此是说"色斯"之所以有"惊骇貌"之义,是因为它犹如"歜然",也就是说"色"是借字,其本字当为"歜",这实质是"因声说义",是对王引之之说的一大突破。

王叔岷(1914—2008)可能没有注意到戴氏之说,其《论语斠理》也得出了近似的结论:"案王说是也。此文之'色斯举',犹《吕氏春秋》之'骇则举'。(斯犹则也。)惟色无骇义,盖歜之假借字。哀六年《公羊传》:'皆色然而骇。'《一切经音义》四六引'色'作'歜';并引《埤苍》云:'歜,恐惧也。''恐惧'与骇义合。王引之《公羊传述闻》,谓'色者,歜之借字。'以彼例此,则此文'色'亦'歜'之借字矣。"[2]戴氏只说"'色斯',犹歜然,惊骇貌",而王叔岷则直接点出"色""盖歜之假借字",意思更为清楚。颜世铉谓:"典籍中有'色''歜'互为异文的情形。'色''歜'古音相同(sèk),同为山纽职部,可以通假,虽用字不同,则所指则一。"[3]其说是。

徐前师也认为"色"当为"歜"之假借,"惊骇"之义,他虽然忽视了戴望、王叔岷的研究,但在古籍的异文、字书的引用上也提供了一些有用的数据。比如哀六年《公羊传》"皆色然而骇"引阮元按:"《一切经音义》引作'歜然',此作'色',盖误。"又引顾野王(519—581)《原本玉篇残卷·欠部》按:"《公羊传》'歜然

[1]戴望:《戴氏注论语》卷十,《续修四库全书》第157册,上海古籍出版社1995年,第154页。
[2]王叔岷:《论语斠理》,《孔孟学报》1962年第3期。
[3]颜世铉:《〈论语·乡党〉"色斯举矣"小议》,"2007中国简帛学"国际论坛论文,台湾大学2007年4月10—11日。

而骇'是也。今为色字，在［卪］部。"又说："歅、色上古音均为入声生母、职部字，大徐'色'音所力切，与野王反切同，可见歅、色在上古、中古都为同音字，故可互相假借。《说文》'色'字下朱骏声（1788—1858）亦云：'或曰借为歅。'枚乘《七发》：'邪气袭逆，中若结轖。'李善注：'轖，音色也。'歅、轖从啬，此亦歅、色同音相假之证。"[1]李善注和朱骏声说证明"歅""色"同音可以相假，顾野王、阮元按则说明哀六年《公羊传》的"色"为借字，"歅"为本字，这对戴望、王叔岷说是种支持，可惜前师却没有点出戴望、王叔岷之的观点，不免有掠美之嫌。

　　商承祚（1902—1991）认为"色""危"二字在形体上是大同小异的，既然笔画相近，"色"为"危"字误写大有可能。因简在不断地舒卷，简与简之间彼此摩擦，致使某些文字部分笔画漫漶不，传抄者一时粗心大意，就会造成笔误，从此"危"之为"色"，以讹传讹二千余年[2]。后来，他又补充说："危字古文作厃，像一人立于悬崖之上"，"色字作웜，与'危'字相差一垂笔，简文不清，就会误成'色'字。"[3]这是说《论语·乡党》篇"色斯举矣"之"色"是"危"的讹字。从《经典释文》的记载看，商氏之说不无可能。《公羊传·哀公六年》"色然"，陆德明《论语·音义》："色然，本又作垝，

---

[1] 徐前师：《〈论语〉"色斯举矣"新解》，《语言研究》2006年第26卷第4期。
[2] 商承祚：《"色斯举矣……"新论》，《中山大学学报》1963年第3期。
[3] 商承祚：《"色斯举矣"辩误》，《中国历史文献研究集刊》第2辑，岳麓书社1981年版，第280页。

居委反,惊骇貌。又或作危。"[1]是有别于本将"色然"写作了"危然"。

胡文辉提出《论语》中的"色斯"是一个名词,是一种鸟名,在句中用作主语。《山海经·北山经》有云:"又北三百二十里,曰灌题之山。……有鸟焉,其状如雌雉而人面,见人则跃,名曰𪄻斯。"他认为《论语》中的"色斯"正是《山海经》中的"𪄻斯",理由一是"色""𪄻"二字声母相同,"色斯""𪄻斯"乃一声之转;二是"色斯""𪄻斯"都是鸟类,而且形状都似"雌雉";三是"色斯""𪄻斯"都容易受惊,"𪄻斯"是"见人则跃",而"色斯"也是一见有人就"翔而后集""三嗅而作";四是"色斯""𪄻斯"后来都由名词转化为形容词,都有惊惧之义[2]。

黄瑞云也有以"色"为名词主语的看法。不过他是将"色"释为"物",认为"色斯举矣""意即一个东西突然飞了起来"[3]。

陈剑则以郭店楚墓竹简及传世古文"色"字构形有从"㠯"声者为据,认为"色斯举矣"当读为"疑斯举矣",指鸟感到惊疑就飞起来[4]。比如:郭店楚简《语丛一》简一一〇:"𩚦与颖与疾。"简四七:"有容有頯。"简五〇:"容艳,目司也。"[5]"颖""頯""艳"

[1] 陆德明:《论语音义》,《经典释文》第 323 页。

[2] 胡文辉:《〈论语·乡党〉"色斯举矣"解》,《中国早期方术与文献丛考》,中山大学出版社 2000 年版,第 14—23 页;原载《中国文化》第 8 期,1993 年 6 月,有修改。

[3] 黄瑞云:《说"色斯举矣"章》,《孔子研究》1996 年第 4 期。

[4] 陈剑:《据战国竹简文字校读古书两则》,香港中文大学中国语言及文学系:《第四届国际中国古文字学研讨会论文集》,香港中文大学出版社 2003 年版,第 373—381 页。

[5] 荆门市博物馆:《郭店楚墓竹简》,文物出版社 1989 年版,第 195、199 页。

都是“色”字的异构，“页”是“色”的义符，“𠤕”也是“色”字的声符。《说文·色部》“色”字古文作“𢒼”，朱骏声《说文通训定声》说此字从“疑省声”，也是“𠤕”为“色”字声符的证明。“色”字既可从“𠤕”声，自可读为“疑”。特别是，跟《孔丛子·抗志》子思所谓“疑之则举”比较，《论语·乡党》篇的“色斯举矣”读为“疑斯举矣”，其文更相近，继承关系体现得更加明确。

近年来，李零又创新说，认为“这里的‘色’是‘鸟’字之误”[1]。

上述种种新解中，真正有说服力的是戴望、王叔岷之说和陈剑之说。二说中，到底谁更合理？颜世铉觉得难以取舍，他说：王引之和王叔岷以《吕氏春秋》“骇则举”解释《论语》“色斯举矣”，认为两者关系密切，“色”通“⿰啬欠”，有骇义；而陈剑则强调《孔丛子》“疑之则举”和《论语》的关系，将“色”读为“疑”，为惊疑之意。若将《孔丛子》“疑之则举”与《吕氏春秋》“骇则举”相对照，则“疑”“骇”也互通，可见两者关系也相近。因此，与其说哪两者比较相近，不妨说《论语》《吕氏春秋》和《孔丛子》三段记载彼此关系都密切[2]。

就《论语·乡党》篇本章而言，到底“色”是读“⿰啬欠”还是读“疑”，确实难下断语。不过，如果我们的视野放宽一些，就会明白陈剑所说为是，“色斯举矣”还是读为“疑斯举矣”为胜。

---

[1] 李零：《丧家狗——我读〈论语〉》，第 203 页。

[2] 颜世铉：《〈论语·乡党〉“色斯举矣”小议》，“2007 中国简帛学”国际论坛论文，台湾大学 2007 年 4 月 10—11 日。

郭店楚简与马王堆帛书都有《五行》篇，它们都有这么一段话：

> 未尝闻君子道，谓之不聪；未尝见贤人，谓之不明。闻君子道而不知其君子道也，谓之不圣；见贤人而不知其有德也，谓之不智[1]。

对此，马王堆帛书《五行》篇有逐句的解释：

> "未尝闻君子道，[谓之不]聪"：同之闻也，独不色然于君子道，故谓之不聪。"未尝见贤人，谓之不明"：同之见也，独不色贤人，故谓之不明。"闻君子道而不知其君子道也，谓之不圣"：闻君子道而不色然，而不知其天之道也，谓之不圣。"见贤人而不知其有德也，[谓]之不智"：见贤人而不色然，不知其所以为之，故谓之不智[2]。

郭店楚简《五行》篇还有："闻君子道，聪也。……见贤人，明也。"[3] 马王堆帛书《五行》篇同，但有残损[4]。不过，也同样有逐句的解释："'闻君子道，聪也'：同之闻也，独色然辨于君子道，聪也。聪也者，圣之藏于耳者也。……'见贤人，明也'：同[之见]

---

[1] 荆门市博物馆：《郭店楚墓竹简》，第150页；国家文物局古文献研究室：《马王堆汉墓帛书（一）》，第18页。按：释文有一定改动。下同。
[2] 国家文物局古文献研究室：《马王堆汉墓帛书（一）》，第21页。按："谓之不圣"前原有"谓人"二字，整理者疑为衍文，故删去。
[3] 荆门市博物馆：《郭店楚墓竹简》，第150页。
[4] 国家文物局古文献研究室：《马王堆汉墓帛书（一）》，第18页。

也，独色然辨于贤人，明也。明也者，智之藏于目者。"[1]

这里"色"字出现 6 次，"色然"出现 5 次，帛书整理小组的注释是"色然，改变容色"[2]。

庞朴将"同之闻也，独不色然于君子道，故谓之不聪"读为"同此闻也，独不色然于君子道，故谓之不聪"，并注曰："《说文》：'色，颜气也。'又《公羊传·哀公六年》：'诸大夫见之，皆色然而骇。'陆德明《经典释文》曰：'色然，本又作埌，居委反，惊骇貌。又或作危。'本书诸色然疑皆危然之误。"他将"同之见也，独不色贤人，故谓之不明"读为"同此见也，独不式贤人，故谓之不明"，并注曰："色疑假为式。《广韵》：'式，敬也。'《韵会》：'乘而俯首致恭曰式。'《论语·乡党》：'子见凶服者式之，式负版者。'"[3]但后来他改正了将"独不色贤人"读为"独不式贤人"的做法，同时去掉了后注。在前注后又补了一条材料："《吕氏春秋·有始览·谨听》：'见贤者而不耸，则不惕于心，则知之不深。'"[4]并谓："耸者，色然也，危然也。"[5]魏启鹏也是将"同之闻也"读为"同此闻也"，其注曰："色，颜面之色。《说文·九

[1] 国家文物局古文献研究室：《马王堆汉墓帛书（一）》，第 21、27 页。按："聪也。聪也者"原作"道者"，据原注释〔六一〕改。
[2] 国家文物局古文献研究室：《马王堆汉墓帛书（一）》，第 27 页。
[3] 庞朴：《帛书〈五行〉篇校注》，《中华文史论丛》总 12 辑，上海古籍出版社 1979 年版，第 60 页。
[4] 庞朴：《帛书五行篇研究》，齐鲁书社 1980 年版，第 49 页。按：引书有脱漏，原文当作："见贤者而不耸，则不惕于心。不惕于心，则知之不深。"
[5] 庞朴：《竹帛〈五行〉篇校注及研究》，台湾万卷楼图书有限公司 2000 年版；庞朴：《古墓新知》，《庞朴文集》第二卷，山东大学出版社 2005 年版，第 137 页。

上·色部》：'色，颜气也。'色然于君子之道，谓闻道则面有齐庄温润之色也。参看《孟子·尽心上》：'君子所性，仁义礼智根于心。其生色也，睟然见于面。'《注》：'四者根生于心，色见于面。睟然，润泽之貌也。'又《荀子·大略》：'德至者色泽洽。'"[1]

池田知久将"同之闻也，独不色然于君子道"译为"即使和他人同样地能够听到（君子道），也只有自己不对君子道表示猛然吃惊"；将"同之见也，独不色贤人"译为"即使和他人同样地能够见到（贤人），也只有自己不对贤人表示猛然吃惊"；将"闻君子道而不色然"译为"即使听到君子道也不猛然吃惊"；将"见贤人而不色然"译为"即使见到贤人也不猛然吃惊"[2]；将"同之闻也，独色然辨于君子道"译为"即使和他人同样地能够听到（君子道），也只有独自猛然注意而懂得君子道"；将"同（之见）也，独色然辨于贤人"译为"即使和他人同样地［能够见到（贤人）］，也只有独自猛然注意而能分辨贤人"[3]。其注云："'色然'，A 的'色然，惊骇貌'之解大概是适宜的，即吃惊而紧张的样子。F、H、S 列举《春秋公羊传·哀公六年》的'诸大夫见之，皆色然而骇'，也是很有帮助的说明。另外，《孔子家语·正论解》有'季孙色然悟曰："吾诚未达此义。"'，与本章说、第十八章说中微妙的意思一致。B 认为的'色然，改变容色'，则好像稍有离题。""'色'，F 怀疑是

[1] 魏启鹏：《德行校释》，巴蜀书社 1991 年版，第 49—50 页。
[2][日] 池田知久著、王启发译：《马王堆汉墓帛书五行研究》，第 307—308 页。
[3][日] 池田知久著、王启发译：《马王堆汉墓帛书五行研究》，第 327 页。

否是'式'的假借字，并做了一些考证，但是荒唐无稽的。'色然'的'然'字一定是脱漏了，而剩下一个'色'字。"[1]

刘信芳注："'色然于君子道'者，闻而知其为君子道，形之于颜面如玉色然。此与《公羊传》之'色然'略有差异。第九章简十三：'爱则玉色。'或释'色然'为'危然'（庞朴《帛书〈五行〉校注》），非是。魏启鹏《德行校释》云：'谓闻道则面有齐庄温润之色也。'其说是。""'不色贤人'：见贤人而不知其为贤人，不以其有玉色之美也。第十章简十四：'见贤人则玉色。'""'色然辨于君子道'：辨别其为君子道，心中温润而颜面为玉色也。"[2]

这些解释概括起来，大致有四：一是将"色然"释为"改变容色"，二是将"色然"释为"颜面如玉色然"，三是将"色然"释为"猛然吃惊"，四是将"色然"释为"危然"。但揆之帛书的上下文，这些解释都是不能成立的。

帛书《五行》篇有"色然"的句子有六。

第一是"'未尝闻君子道，（谓之不）聪'：同之闻也，独不色然于君子道，故谓之不聪。"

第二是"'未尝见贤人，谓之不明'：同之见也，独不色（然于）"

———————

[1][日]池田知久著、王启发译：《马王堆汉墓帛书五行研究》，第310页。按：池田所谓A指马王堆汉墓帛书整理小组：《马王堆汉墓帛书（一）》，文物出版社1974年版；B指国家文物局古文献研究室：《马王堆汉墓帛书（一）》，文物出版社1980年版；F指庞朴：《帛书〈五行〉篇校注》（《中华文史论丛》总12辑），上海古籍出版社1979年版；H指庞朴：《帛书五行篇研究》，齐鲁书社1980年版；S指庞朴：《帛书五行篇研究》，齐鲁书社1988年版。
[2]刘信芳：《简帛〈五行〉解诂》，台湾艺文印书馆2001年版，第77、83页。

贤人，故谓之不明。"[1]

第三是"'闻君子道而不知其君子道也，谓之不圣'：闻君子道而不色然，而不知其天之道也，谓之不圣。"

第四是"'见贤人而不知其有德也，（谓）之不智'：见贤人而不色然，不知其所以为之，故谓之不智。"

第五是"'闻君子道，聪也'：同之闻也，独色然辨于君子道，聪也。聪也者，圣之藏于耳者也。"

第六是"'见贤人，明也'：同（之见）也，独色然辨于贤人，明也。明也者，智之藏于目者。"

这六句中，第一句与第五句是一反一正，第二句与第六句也是一反一正。

这些句子中的所谓"同之闻也""同之见也"，就是"同之于闻也""同之于见也"，也就是"同属之于闻也""同属之于见也"。王充（27—97）《论衡·幸偶》篇有云："等之金也，或为剑戟，或为锋铦；同之木也，或梁于宫，或柱于桥；俱之火也，或烁脂烛，或燔枯草；均之土也，或基殿堂，或涂轩户；皆之水也，或溉鼎釜，或澡腐臭。"[2]"同之闻也""同之见也"与这里的"等之金也""同之木也""俱之火也""均之土也""皆之水也"句式相同，意思相近。

第一、第二、第五、第六句的四个"独"字，池田知久都把它

[1]"然"据上引池田说补，"于"据第一、第五、第六句补。
[2] 文渊阁《四库全书》子部杂家类杂说之属《论衡》卷二。按：这一资料池田文已提及，见［日］池田知久著、王启发译：《马王堆汉墓帛书五行研究》，第331页。

们译为"独自"，其实有欠妥当。这四个"独"字都是副词，表示范围，从多数中举出一个，相当于"特"。《诗·小雅·北山》："大夫不均，我从事独贤。"[1]《庄子·德充符》："受命于地，唯松柏独也正，在冬夏青青。"[2]"独贤"，特别贤。"独也正"，特别正。

第五句、第六句的两个"辨"字，原释文作"辩"，池田知久作"辨"，释为"分辨"，而刘信芳训为"辨别"，其实当训为"确定"。《礼记·王制》："凡官民材，必先论之，论辨，然后使之；任事，然后爵之；位定，然后禄之。"郑玄注："辨，谓考问得其定也。"[3]所谓"辨于君子道"，就是"定于君子道"；所谓"辨于贤人"，就是"定于贤人"。

第一句"同之闻也，独不色然于君子道，故谓之不聪"，第五句"同之闻也，独色然辨于君子道，聪也"，是说"同属之于闻也"，能特别"色然"于君子道、定"于君子道"的，就是"聪"；不能特别"色然"于君子道的，就是"不聪"。能不能特别"色然"于君子道，是"聪"或"不聪"的标准。显然，"色然"是对君子道的一种肯定性的、倾向性的态度。

第二句"同之见也，独不色（然于）贤人，故谓之不明"，第六句"同（之见）也，独色然辨于贤人，明也"，是说"同属之于见也"，能特别"色然"于贤人、定"于贤人"的，就是"明"；

---

[1] 文渊阁《四库全书》经部诗类《毛诗注疏》卷二十。

[2] 文渊阁《四库全书》子部道家类《庄子注》卷二。

[3] 文渊阁《四库全书》经部礼类礼记之属《礼记注疏》卷十一。

不能特别"色然"于贤人的，就是"不明"。能否特别"色然"于贤人，是"明"或"不明"的标准。显然，"色然"是对贤人的一种肯定性的、倾向性的态度。

第三句"闻君子道而不色然，而不知其天之道也，谓之不圣"是反说。换成正说就是："闻君子道而色然，而知其天之道也，谓之圣。"由"聪"到"圣"，不但要"闻君子道而色然"，更要"知其天之道也"，这是对第一句、第五句意思的提升。

第四句"见贤人而不色然，不知其所以为之，故谓之不智"也是反说。换成正说就是："见贤人而色然，知其所以为之，故谓之智。"由"明"到"智"，不但要"见贤人而色然"，更要"知其所以为之"，这是对第二句、第六句意思的深化。

由此可知，帛书《五行》篇的上述六句话，分为两组。第一句、第五句与第三句为一组，是讲"闻君子道"的问题，要由"聪"到"圣"，不但要"色然"，更要"知其天之道也"。第二句、第六句与第四句为一组，是讲"见贤人"的问题，要由"明"到"智"，不但要"色然"，更要"知其所以为之"。但不管是"闻君子道"要由"聪"到"圣"也好，还是"见贤人"要由"明"到"智"也好，"色然"都是必要条件，都是不可或缺的。因此，这里的"色然"必定是对"君子道"、对"贤人"的一种肯定性的、倾向性的态度，绝非"改变容色"或"颜面如玉色然""猛然吃惊""危然"之类的意思，非常明显。

那么，帛书《五行》篇上述句子中的"色然"到底是什么含义？我们先从庞朴的思路谈起。

庞朴 1979 年的校注本提出 :"色疑假为式。《广韵》:'式，敬也。'《韵会》:'乘而俯首致恭曰式。'《论语·乡党》:'子见凶服者式之，式负版者。'"但他在后来的注释中舍弃了，这是正确的。因为这里所谓有"敬"义的"式"，是"轼"字的假借，所以这里的"敬"，是特指以手抚轼表示敬意的一种礼节，而非一般意义上的敬。《汉书·薛宣传》:"礼，下公门，式路马，君畜产且犹敬之。"颜师古注:"过公门则下车，见路马则抚式，盖崇敬也。"[1] 就是明证。池田知久以为庞之说"荒唐无稽"，亦不无道理。

庞朴读"色"为"式"虽然不能成立，但他以"色"有"敬"义应该是从帛书文义出发的，值得注意。在 1980 年的注本中，庞朴又引证《吕氏春秋·有始览·谨听》的一条材料 :"见贤者而不耸，则不惕于心。不惕于心，则知之不深。"[2] 后来又添注曰:"耸者，色然也，危然也。"

按 :庞氏的引文很好，但他的解释却完全是错误的。上引《吕氏春秋》文，许维通（1900—1950）《吕氏春秋集释》引王念孙曰:"耸，敬也。"[3] 此"耸"通"竦"，是恭敬、肃敬义。《国语·周语下》:"身耸除洁，外内齐给，敬也。"[4] 王引之《经义述闻》:"家大人曰:'耸，敬貌。'故曰:'身耸除洁，敬也。'《贾子·礼容·语》篇作'身恭除洁'，'恭'亦敬也。'耸'字本作'竦'。《说文》:'竦，敬也。'

---

[1] 文渊阁《四库全书》史部正史类《前汉书》卷八十三。
[2] 按 :庞氏原引文有误，此为笔者改正之文。
[3] 许维通 :《吕氏春秋集释》卷十三，中国书店 1985 年版，第 17 页。
[4] 文渊阁《四库全书》史部杂史类《国语》卷三。

张衡《思玄赋》曰：'竦余身而顺止兮，遵绳墨而不跌。''竦余身'即此所谓'身耸'也。《楚语》曰：'昔殷武丁能耸其德。'韦昭《注》曰：'耸，敬也。'"[1]

《吕氏春秋·有始览·谨听》的"见贤者而不耸，则不惕于心。不惕于心，则知之不深"与帛书《五行》篇"见贤人而不色然，不知其所以为之，故谓之不智"的文义非常接近。"见贤者而不耸"同于"见贤人而不色然"，"知之不深"近于"不智"。既然"不耸（竦）"是"不敬"，那么"色然"也应该是恭敬、肃敬的意思。

"色"本身没有敬的意思，但从上文的讨论可知，《论语·乡党》篇"色斯举矣"之"色"可读为"疑"。"疑"也没有敬的意思，但从"疑"得声的"誒"字却值得注意。《史记·龟策列传》："求之于白蛇蟠杅林中者，斋戒以待，誒然，状如有人来告之。"唐司马贞《索隐》："誒，音疑。言求龟者斋戒以待，恒誒然也。"[2]清吴任臣（1628—1689）《字汇补·言部》："誒，齐敬貌。"[3]可见，"誒"有敬义无疑。

与"誒"同源的"嶷"义为高耸貌。陶潜（365—427）《感士不遇赋》："山嶷嶷而怀影，川汪汪而藏声。"[4]嶷也有高尚、杰出义。《史记·五帝本纪》："其色郁郁，其德嶷嶷。"司马贞《索隐》："嶷

[1] 王引之：《经义述闻·国语上》第二十，《续修四库全书》第 175 册，第 66 页。
[2] 文渊阁《四库全书》史部正史类《史记》卷一百二十八。
[3] 吴任臣《字汇补》酉集，《续修四库全书》第 233 册，第 666 页。按《论语·乡党》："虽蔬食、菜羹、瓜，祭，必齐如也。"何晏《集解》引孔安国曰："齐，严敬貌。三物虽薄，祭之必敬也。"
[4] 文渊阁《四库全书》集部别集类汉至五代《陶渊明集》卷六。

巍，德高也。"[1]《南史·蔡廓传附蔡撙》："撙风骨鲠正，气调英巍，当朝无所屈让。"[2]"巍巍"能形容道德高尚，其同源字"嶷"有崇敬义自然也不值得奇怪。

准此，我们可以回到帛书的文句中进行检核。

第一句"同之闻也，独不色然于君子道，故谓之不聪"，可以读为"同之闻也，独不嶷然于君子道，故谓之不聪"。是说"同属之于闻也"，不能独敬"君子道"、不能对"君子道"特别崇敬的，就叫作"不聪"。

第二句"同之见也，独不色（然于）贤人，故谓之不明"，可以读为"同之见也，独不嶷（然于）贤人，故谓之不明"。是说"同属之于见也"，不能独敬"贤人"、不能对"贤人"特别崇敬的，就叫作"不明"。

第三句"闻君子道而不色然，而不知其天之道也，谓之不圣"，可以读为"闻君子道而不嶷然，而不知其天之道也，谓之不圣"。是说听到了"君子道"而不崇敬、不知道"君子道"就是"天之道"的，就叫作"不圣"。

第四句"见贤人而不色然，不知其所以为之，故谓之不智"，可以读为"见贤人而不嶷然，不知其所以为之，故谓之不智"。是说见到了"贤人"而不崇敬，不知道"贤人"成为"贤人"的原因，就叫作"不智"。

---

[1] 文渊阁《四库全书》史部正史类《史记》卷一百二十八。
[2] 文渊阁《四库全书》史部正史类《史记》卷一百二十八。

第五句"同之闻也，独色然辨于君子道，聪也"，可以读为"同之闻也，独譺然辨于君子道，聪也"。是说"同属之于闻也"，能特别崇敬"君子道"、选定"于君子道"的，就是"聪"。

第六句"同（之见）也，独色然辨于贤人，明也"，可以读为"同（之见）也，独譺然辨于贤人，明也"。是说"同属之于见也"，能特别崇敬"贤人"、选定"贤人"的，就是"明"。

以上的六个"色"字读为"譺"，训为"敬"，皆文从字顺。可见"色然"的本字当为"譺然"，也就是崇敬的样子。如果读为"歆然"，训为惊恐的样子，上述六句没有一句能读通。而且，从"嗇"得声的字，没有一个有"敬"义的。以此来看将《论语•乡党》篇的"色斯举矣"中的"色"读为"歆"显然不如读为"疑"。

与"色斯举矣"的聚讼不已不同，《论语•乡党》篇"翔而后集"一句的解释则自古以来波澜不惊。魏人周生烈曰："回翔审观而后下止也。"[1]以后的皇侃《义疏》、邢昺疏、朱熹《集注》也皆本此。杨伯峻因而译为："盘旋一阵，又都停在一处。"[2]是以"翔"为"回翔""盘旋"，以"集"为"下止""停落"。

按：以"翔"为"回翔"看起来文从字顺，由"举"而"翔"而"集"，都是描写"山梁雌雉"的起落。但是从下文孔子的"时哉时哉"之叹，可知"色斯举矣，翔而后集"这些行为，表现的是"山梁雌雉"的知"时"。"色（疑）斯举矣"，"山梁雌雉"受惊则飞走，可说是

[1] 文渊阁《四库全书》经部四书类《论语集解义疏》卷五。
[2] 杨伯峻：《论语译注》第115页。

知"时"。但"翔而后集",知"时"的意思却不明显。我们知道,"色（疑）斯举矣"与"翔而后集"是对举的。"举"与"集",一起一落,是反义词;但"色（疑）"与"翔"却不能说是反义词。"山梁雌雉"为什么要"举"? 是因为"色（疑）",受到了惊骇。为什么要"集"? 我们不能说是因为"翔"。这里所谓的"翔"看起来文从字顺,实质大有问题。

笔者认为,"翔而后集"之"翔"当读为"祥"。"翔""祥"上古音皆为阳部邪母,文献中经常通用。《周易·丰·小象传》:"天际翔也。"陆德明《周易音义》:"'翔',郑、王肃作'祥'。"[1]唐李鼎祚《周易集解》同[2],吕祖谦（1137—1181）《周易音训》:"晁氏曰:'孟亦作祥。'"[3]《周易·履》:"上九:视履考祥,其旋元吉。"[4]帛书本"祥"作"翔"[5]。

"祥"有善、顺义。《尔雅·释诂上》:"祥,善也。"[6]《说文·示部》:"祥,一云善。"[7]《诗·大雅·大明》:"大邦有子,俔天之妹。文定其祥,亲迎于渭。"毛《传》:"祥,善也。"[8]《国语·楚语上》:"故先王之为台榭也,榭不过军实,台不过望氛祥。"韦昭注:"凶气为氛,

［1］文渊阁《四库全书》经部易类《周易注疏》卷九。
［2］文渊阁《四库全书》经部易类《周易集解》卷十一。
［3］黄灵庚、吴战垒主编:《吕祖谦全集》第二册,浙江古籍出版社 2008 年版,第 45 页。
［4］文渊阁《四库全书》经部易类《周易注疏》卷三。
［5］马王堆汉墓帛书整理小组:《马王堆帛书〈六十四卦〉释文》,《文物》1984 年 3 期。
［6］文渊阁《四库全书》经部小学类训诂之属《尔雅注》卷上。
［7］文渊阁《四库全书》经部小学类字书之属《说文解字》卷一上。
［8］文渊阁《四库全书》经部诗类《毛诗注疏》卷二十三。

吉气为祥。"[1]《汉书·刘向传》："由此观之，和气致祥，乖气致异；祥多者其国安，异众者其国危。"[2]《淮南子·泛论》："天下岂有常法哉？当于世事，得于人理，顺于天地，祥于鬼神，则可以正治矣。"高诱注："祥，顺也。"[3]这一意义上的"祥"，完全可以说是"色（疑）"的反义词。所以，"色斯举矣，翔而后集"，当读作"疑斯举矣，祥而后集"。是说"山梁雌雉"看到危机临近、受到惊骇就飞走，感到环境祥和、安全后才又停落下来。皇侃《义疏》引虞喜（281—356）曰："去危就安，当如雉也。"[4]"去危"即"色（疑）斯举矣"，"就安"即"翔（祥）而后集"。孟子谓："知命者不立于岩墙之下。"（《孟子·尽心上》）[5]习凿齿（328—383）云："识时务者，在乎俊杰。"[6]"山梁雌雉""疑斯举矣，祥而后集"，知道审时度势，避凶就吉，孔子许之以"时哉时哉"，理所当然。

"曰"的主语古注皆认定为孔子，今人黄瑞云进而以为"'曰'上脱'子'字"[7]。黄怀信之说同[8]。周乾溁对主语为孔子说有所怀疑[9]，李零则认为主语为子路[10]。程石泉更谓："此节'曰'字，不

［1］文渊阁《四库全书》史部杂史类《国语》卷十七。
［2］文渊阁《四库全书》史部正史类《前汉书》卷三十六。
［3］文渊阁《四库全书》子部杂家类杂学之属《淮南鸿烈解》卷十三。
［4］文渊阁《四库全书》经部四书类《论语集解义疏》卷五。
［5］文渊阁《四库全书》经部四书类《孟子注疏》卷十三上。
［6］《三国志·蜀志·诸葛亮传》裴松之注引晋习凿齿《襄阳记》，见文渊阁《四库全书》史部正史类《三国志·蜀志》卷五。
［7］黄瑞云：《〈论语〉"色斯举矣"章确解》，《黄冈师专学报》1996年第2期。
［8］黄怀信等：《论语汇校集释》，上海古籍出版社2008年版，第946页。
［9］周乾溁：《〈论语〉三题》，《天津师范大学学报》1986年第1期。
［10］李零：《丧家狗——我读〈论语〉》，第204页。

知何人所说。"[1] 按：《文选·枚乘〈七发〉》"山梁之餐"李善注引郑玄曰："《论语》：'子曰："山梁雌雉，时哉时哉！"'孔子山行，见一雌雉，食其粱粟。"[2] 是"曰"上有"子"字，清人翟灏早已指出[3]。而且下文又称"孔子山行，见一雌雉"，进一步说明见到"山梁雌雉""疑斯举矣，祥而后集"而发"时哉时哉"之叹的为孔子。因此，怀疑说是难以成立的。

"子路共之"之"共"，何晏注为"共具"，邢昺疏也说："共，具也。"[4] 实是以"共"为"供"。皇侃《义疏》则直接作"供"，曰："云'子路供之'者，子路不达孔子'时哉时哉'之叹，而谓叹'雌雉'是时月之味，故驰逐驱拍，遂得'雌雉'，煮熟而进以供养孔子，故云'子路供之'也。"又引虞喜曰："'供'犹'设'也。言子路见雉在山梁，因设食物以张之。"[5] 这是说"共"的本字为"供"，义为供养。清人钱坫（1744—1806）指出："《吕氏春秋》曰：'子路揜雉，而复释之。'此'共之'之义。"[6] 李零："'揜雉'之'揜'，指张罗设食，覆而取之，就是解释这两句话。"[7] 那么，"子路共之"就不是以子路"得'雌雉'，煮熟而进以供养孔子"，而是子路"张

———————————

［1］程石泉：《论语读训——附学庸改错》，第 183 页。
［2］萧统编、李善注：《文选》卷三十四，上海古籍出版社 1986 年版，第 1564 页。
按：文渊阁《四库全书》本《文选》李善注无"子"字。
［3］翟灏：《四书考异》下编卷一二，《续修四库全书》第 167 册，第 237 页。
［4］文渊阁《四库全书》经部四书类《论语注疏》卷十。
［5］文渊阁《四库全书》经部四书类《论语集解义疏》卷五。
［6］钱坫：《论语后录》卷三，《续修四库全书》第 154 册，第 264 页。
［7］李零：《丧家狗——我读〈论语〉》，第 203 页。

罗设食，覆而取""雌雉"了。

宋人蔡节谓:"共,拱手也。"[1]钱穆解为"竦手上拱作敬意"[2],商承祚译为"肃然拱手"[3],杨朝明《论语诠解》也作"向野鸡拱拱手"[4]。

刘宝楠虽然也认为"作'拱'是也",但他却据《吕氏春秋•季秋纪•审己》篇"子路揜雉而复释之"说和高诱注"所得者小,不欲夭物,故复释之",以"拱"为"执",也就是捕捉。他说:"'揜'即是'拱'。《尔雅•释诂》:'拱,执也。'意者雉正倦飞,子路揜而执之。"[5]

胡文辉在刘之说基础上又进一步,谓:"'共'字其实也有作'执'之义来使用的。《周易》遯六二:'执之用黄牛之革,莫之胜说。'马王堆帛书本'执'正作'共'。又,革初九:'巩用黄牛之革。'帛书本'巩'作'共'。由此可见,'子路共之'也就是'子路执之'或'子路巩之'的意思。《吕氏春秋•审己篇》'故子路揜雉而复释之'正是由《论语》'子路共之'这一句而来,亦足以证明'共'就是执(捕捉)的意思。子路出身微贱,性格豪放,亦宜有此捉野鸡的行为。而杨伯峻《论语译注》译作'拱拱手'显然是不对的。"[6]

---

[1] 文渊阁《四库全书》经部四书类《论语集说》卷五。

[2] 钱穆:《论语新解》,第 269 页。

[3] 商承祚:《"色斯举矣……"新论》,《中山大学学报》1963 年第 3 期。

[4] 杨朝明:《论语诠解》,广陵书社 2008 年版,第 98—99 页。

[5] 刘宝楠:《论语正义》卷十,第 435 页。

[6] 胡文辉:《〈论语•乡党〉"色斯举矣"解》,《中国早期方术与文献丛考》,第 16—17 页。

程石泉认为"共"字应为"哄"字，意谓子路口作声以驱逐之[1]。蒋沛昌也将"共"读为"哄"，训为起哄、吆喝[2]。黄怀信则谓："拱，合手以轰赶之。"[3]

以上诸说中，刘宝楠、胡文辉之说最有价值，但问题也有。季旭升说，帛书本"共之用"，"共"应读为"拲"（音拱，然与拱不同字），《说文》卷十二下《手部》："拲，两手共同械也。从手、共声。"甲骨文有"✿"字（见《甲骨文编》307 号、《甲骨文字诂林》2600 号），王襄释"执"、朱芳圃释"拲"（俱参《甲骨文字诂林》），二说皆有理，"拲""执"同意。《国语·吴语》"拥铎拱稽"，韦昭注："拱，执也。"字当作"拲"。《荀子·荣辱》"受小共大共"，杨倞注："共，执也。""共"盖"拲"之省，与帛书《易经》作"共"同[4]。其说是。如此，《尔雅·释诂》所谓"拱，执也"之"拱"，其实也当作"拲"。

依此，"子路共之"当作"子路拲之"，也就是"子路执之"，指子路用双手去捕捉、去抓捕"雌雉"。子路听孔子赞叹"山梁雌雉"知"时"，生性顽皮的他有心想试验一下，就用双手去捕捉，看看"雌雉"是否真的知"时"，是否真的能"疑斯举矣，祥而后集"。"子路拲之"写的、表现的就是子路的这一心理。所谓"拲之"表现的不是已然之事，不是说子路已经抓到了"雌雉"，而是说子路想去

---

[1] 程石泉：《论语读训——附学庸改错》，第 183 页。
[2] 蒋沛昌：《论语今释》，第 253 页。
[3] 黄怀信等：《论语汇校集释》，第 950 页。
[4] 季旭升主编：《〈上海博物馆藏战国楚竹书（三）〉读本》，台湾万卷楼图书股份有限公司 2005 年版，第 80—81 页。

抓“雌雉”,“搴之”是打算,表现的是未然之事,还并没有成为现实。

“三嗅而作”一句也是自古以来的大难题。

何晏《集解》:“非本意，不苟食，故三嗅而作。作，起也。”[1]皇侃《义疏》:“云‘三嗅而作’者，‘嗅’谓鼻歆翕其气也；‘作’，起也。子路不达孔子意,而供此熟雉,乖孔子本心。孔子若直尔不食，则恐子路生怨;若遂而食之，则又乖我本心。故先三嗅气而后乃起，亦如得食、不食之闲也。”[2]是说孔子不食子路贡献上来的“熟雉”，认为子路误会了自己的意思，但又不好扫子路的面子，所以只闻了闻“熟雉”的香气就起身走了[3]。“嗅”是“以鼻吸气”，也就是闻味道的意思。

蔡节以为“嗅”疑作“叹”，是“感难之去就得时，所以三叹而作也”[4]。

朱熹《集注》引晁氏曰：“石经‘嗅’作戛，谓雉鸣也。”[5]商承祚从之，谓：“叫了三声，惊飞而去。”[6]

朱熹《集注》又引刘聘君曰:“嗅，当作臭，古闃反。张两翅也。

[1] 文渊阁《四库全书》经部四书类《论语注疏》卷十。

[2] 文渊阁《四库全书》经部四书类《论语集解义疏》卷五。

[3] 林语堂《论孔子的幽默》(见台湾1969年《中央日报》)云：“子路见机说这只母鸡，来得正巧，打下来供献给孔夫子。孔夫子嗅了三嗅，嫌野鸡的气味太腥，就站起来，不吃也罢。”(转引自程石泉《论语读训——附学庸改错》第183页)也是在皇侃《义疏》说的基础进行发挥。

[4] 文渊阁《四库全书》经部四书类《论语集说》卷五。

[5] 文渊阁《四库全书》经部四书类《四书章句集注·论语集注》卷五。

[6] 商承祚：《“色斯举矣……”新论》,《中山大学学报》1963年第3期。

见《尔雅》。"[1]清人江声（1721—1799）之说同[2]。杨伯峻因而译为"它们又振一振翅膀飞去了。"[3]

王夫之（1619—1692）认为，此"三嗅"当作昊，音古阒切。昊从目从犬。犬之瞻视，头伏而左右顾，鸟之惊视也亦然，故郭璞谓"张两翅昊昊然"，谓左右屡顾而张翅欲飞也。若谓张翅为昊，则鸟之将飞，一张翅而即翀举，岂待三哉[4]？刘宝楠也说："'昊'字从目从犬，《说文》训'犬视'，亦惊顾之意，其字与'臭'相似，故沿讹为'臭'。《唐石经》'臭'字左旁加口作'嗅'，则后人所改。《五经文字》此字尚作'臭'。"[5]钱穆亦主此说，谓："嗅，本作臭，当是昊字，从目从犬，乃犬视貌。借作鸟之惊视。雌见子路上拱其手，疑将篡己，遂三昊而起飞。言三昊者，惊疑之甚，此即所谓见几而作。"并译作："那雌雉转睛三惊视，张翅飞去了。"[6]

这几种说法中，谓"嗅"字为"叹""戛""昊"之讹者，都属改字解经，难以为信。何晏、皇侃等古注以"嗅"为闻值得肯定，但他们的理解却出了问题。"三嗅而作"的主语并非孔子，而是"山梁雌雉"。所谓"三"者，形容"山梁雌雉"之"嗅"是多次，是在不断地进行。"子路拱之"，试图用双手捕捉，"山梁雌雉"在嗅嗅闻闻间猛地感觉到有危机来临，闻到了危险的气息，就振翅飞走

---

[1] 文渊阁《四库全书》经部四书类《四书章句集注·论语集注》卷五。

[2] 江声：《论语竢质》卷中，《琳琅密室丛书》本。

[3] 杨伯峻：《论语译注》第 115 页。

[4] 王夫之：《四书稗疏》，《船山全集》第 6 册，岳麓书社 1996 年版，第 38—39 页。

[5] 刘宝楠：《论语正义》卷十，第 435 页。

[6] 钱穆：《论语新解》，第 269 页。

了。子路的试验证明孔子所言不虚，"山梁雌雉"果然"疑斯举矣，祥而后集"，确实是知时。

综上所述，《论语·乡党》篇的"色斯举矣，翔而后集。曰：'山梁雌雉，时哉时哉！'子路共之，三嗅而作"章当作：

> 疑斯举矣，祥而后集。[子]曰："山梁雌雉，时哉时哉！"子路拳之，三嗅而作。

译成现代汉语就是：（母野鸡见人来）受惊飞起，感到安全后才又停落下来。孔子感慨道："这些山间堤堰上的母野鸡，得其时呀！得其时呀！"子路想用双手去抓，母野鸡嗅了嗅，感到危险，就猛地飞走了。

第十一章　"色难""贤贤易色"析疑

《论语·为政》篇"色难"之"色"也当读为"嬔",训为"敬"。所谓"色难",就是"嬔难",是说为孝之道,难就难在一个敬字,敬最为重要。《论语·学而》篇的"贤贤,易色","易"当读为"惕",训为"爱""悦";"色"也当读为"嬔",训为"敬"。所谓"贤贤,易色",是说以贤者为贤,就要喜爱之,敬重之。

一、"色难"

《论语·为政》篇有一段著名的话:

> 子夏问孝。子曰:"色难。有事,弟子服其劳;有酒食,先生馔。曾是以为孝乎?"[1]

此"色难"字素来有两解。包咸曰:"色难者,谓承顺父母颜色乃为难。"马融曰:"承顺父母颜色,乃为孝也。"邢昺疏同[2]。皇侃《义疏》:"'色'谓父母颜色也。言为孝之道,必须承奉父母颜色,

---

[1] 文渊阁《四库全书》经部四书类《论语注疏》卷二。
[2] 文渊阁《四库全书》经部四书类《论语注疏》卷二。

此事为难，故曰'色难'也。"[1] 这里，"色"是指父母的容色。郑玄注则作："和颜悦色，是为难也。"[2] 这里，"色"却是指儿子侍奉父母时的容色。后来的注家多取郑之说，如朱熹[3]、钱穆、杨伯峻等古今名家都如此。因为"既是问孝，当直就子言。且前解必增字说之始可通"[4]，"应该说为'侍色为难'，不该简单地说为'色难'"[5]。也就是说，包咸、马融的"承顺"二字是增字解经，原文本无。这是很有道理的。

但是将"色"训为"和颜悦色"也属增字解经。《说文·色部》："色，颜气也。"段玉裁注："颜者，两眉之间也。心达于气，气达于眉间，是之谓色。"[6] "色"可谓之"颜色"、可谓之"容色"，但绝不能谓之"和"、绝不能谓之"悦"。所以，"和颜悦色"说和"承顺父母颜色"说在训诂上的错误可以说是以五十步笑百步。

今人黄群建看到了"色"字解释上的困境，转而在"难"字上做起了文章。他提出，本章之"难"通"戁"。《诗·小雅·桑扈》："不戁不难，受福不那。"马瑞辰《毛诗传笺通释》："难，当读为戁。"《尔雅·释诂》："难，惧也。"《诗·商颂·长发》："不戁不竦，百禄是总。"《毛传》："难，恐；竦，惧也。"《荀子·君道》："君子恭而不难，敬而不巩。""难"与"巩（恐）"互义见义，王引之曰："难

---

[1] 文渊阁《四库全书》经部四书类《论语集解义疏》卷一。

[2]《诗·凯风·疏》，文渊阁《四库全书》经部诗类《毛诗注疏》卷三。

[3] 文渊阁《四库全书》经部四书类《四书章句集注·论语集注》卷一。

[4] 钱穆：《论语新解》，第33—34页。

[5] 杨伯峻：《论语译注》，第16页。

[6] 段玉裁：《说文解字注》卷九上，《续修四库全书》第206册，第520页。

读《诗》'不戁不竦'之'戁'。""色难"谓颜色有敬畏之神情。本章所谓"有事，弟子服其劳，有酒食，先生撰"，即"养口体"之事。在孔子看来，这些养亲之事是一般人都可以做到的，谈不上是"孝"，只有进而有敬畏之心情，方才叫真正的"孝"[1]。裴传永进而认为，"色"即是面色、神情之意，"难"则是一个假借字，具体地说，是"戁"字的假借。《说文·心部》解释说："戁，敬也。从心，难声。"《字汇·心部》解释说："戁，恭也。"把"色难"解为"色戁"，取其容色恭敬之意，则孔子答"子夏问孝"语扞格不通的问题即可迎刃而解了[2]。

　　按：黄、裴之说释"色难"注意到了"敬"，是一大进步。《论语·为政》上章"子游问孝。子曰：'今之孝者，是谓能养。至于犬马，皆能有养；不敬，何以别乎？'"[3]《礼记·坊记》也载："子云：'小人皆能养其亲，君子不敬，何以辨？'"[4]孔子言"孝"都是突出"敬"，都是以"敬"为重点。但黄、裴之说也有问题。"子夏问孝"者，"盖问孝孰为难"，如果孔子回答的是"色戁"，容色敬畏、恭敬，恐怕不得其要领。因为"容色"如何在诸孝行中并非最为重要，比较起来，"色敬"不如"心敬"，"心敬"才是最难。所谓"诚于中"才能"形于外"（《礼记·大学》），外在的"容色恭敬"是由内在的"心敬"所决定的。因此，黄、裴之说也不可信。

---

[1] 黄群建：《〈论语〉札记三则》，《古汉语研究》1989 年第 2 期。
[2] 裴传永：《〈论语〉"色难"新解》，《孔子研究》2000 年第 4 期。
[3] 文渊阁《四库全书》经部四书类《论语注疏》卷二。
[4] 文渊阁《四库全书》经部礼类礼记之属《礼记注疏》卷五十一。

笔者认为，"色难"之"色"当读为"䚡"，训为"敬"。所谓"色难"，就是"䚡难"，是说为孝之道，难就难在一个敬字，敬最为重要。这与《论语·为政》上章、《礼记·坊记》篇"子曰""不敬，何以别乎"的意思如出一辙。只是一称"敬"，一称"䚡"而已。

二、"贤贤，易色"

《论语·学而》篇还有一段名言：

> 子夏曰："贤贤，易色；事父母，能竭其力；事君，能致其身；与朋友交，言而有信。虽曰未学，吾必谓之学矣。"[1]

这段话的"贤贤易色"也颇为难解。

皇侃《义疏》："凡人之情莫不好色而不好贤，今若有人能改易好色之心以好于贤，则此人便是贤于贤者，故云'贤贤易色'也。"[2]邢昺疏也说："易，改也。色，女人也。女有姿色，男子悦之，故经传之文通谓女人为色。人多好色不好贤者，能改易好色之心以好贤，则善矣，故曰'贤贤易色'也。"[3]朱熹《集注》说同："贤人之贤，而易其好色之心。"[4]这是以"易"为"改易"，以"色"为"好色之心"。

[1] 文渊阁《四库全书》经部四书类《论语注疏》卷一。
[2] 文渊阁《四库全书》经部四书类《论语集解义疏》卷一。
[3] 文渊阁《四库全书》经部四书类《论语注疏》卷一。
[4] 文渊阁《四库全书》经部四书类《四书章句集注·论语集注》卷一。

皇侃《义疏》又引一通云："言若欲尊重此贤人，则当改易其平常之色，更起庄敬之容也。"[1] 黄怀信："见到贤者而改变其容色，正是见贤思齐、谦虚向善和好学上进的表现，故曰亦谓之学矣。"[2] 高尚榘："尊重贤德之人，应改易平常之容色为尊重之容色。"[3] 这是以"色"为"容色"。

《汉书·李寻传》引《论语》"贤贤易色"颜师古注："贤贤，尊上贤人；易色，轻略于色，不贵之也。"[4] 清人焦袁熹（1661—1736）曰："是读'易'为'轻易'之'易'。不用旧解者，取女宫在后之义，不得不然。"[5] 宋翔凤、刘宝楠等皆取此义[6]。杨伯峻《论语译注》本参照颜注，也"把'易色'解为'不重容貌'"[7]。这是以"易"为"轻易""轻视"，以"色"为"姿色""女色"。

以"色"为"好色之心"属于增字解经，不足为训。其实质是以"色"为"女色"。黄怀信说："下言'能竭其力''能致其身'，皆紧承其上，就事父母、事君而言。而此作轻略女色，则与'贤贤'无直接关系，且轻女色与学亦不相涉。见'色'之不应释为女色也。"[8] 高尚榘也说："'色'，不是指妻子，若是指妻子的话，

---

［1］文渊阁《四库全书》经部四书类《论语集解义疏》卷一。

［2］黄怀信：《论语新校释》，第 7 页。

［3］高尚榘主编：《论语歧解辑录》，中华书局 2011 年版，第 17 页。

［4］文渊阁《四库全书》史部正史类《前汉书》卷七十五。

［5］文渊阁《四库全书》经部四书类《此木轩四书说》卷二。

［6］刘宝楠：《论语正义》卷一，第 20 页。

［7］杨伯峻：《论语译注》，第 6 页。

［8］黄怀信等：《论语汇校集释》，第 56 页。

依下文'父母''君''朋友'之行文风格，必会点明'妻子'。再者，儒家重德，把对待贤者的态度放在首位，是符合儒家思想的。如果把'色'理解为妻子，则是把对妻子的态度放在了对待父母的态度之前，显然是悖理的。"[1] 这些分析都言之有理。可见将"易色"解为"不重女色"并不可取。

但将"色"释为"容色"也有问题。"易色"可以释为"改易容色"，但"改易容色"并不能表现"贤贤"，因为"改易容色"既可"改易平常之容色为尊重之容色"，也可"改易尊重之容色为平常之容色"。将"易色"释为"改易平常之容色为尊重之容色"，实属过度诠释，不足以服人。

笔者认为"贤贤，易色"是讲尊贤的问题。《吕氏春秋·有始览·谨听》的"见贤者而不耸，则不惕于心。不惕于心，则知之不深"和帛书《五行》篇的"见贤人而不色然，不知其所以为之，故谓之不智"正可参考。

帛书《五行》篇说"见贤人"要"色（凝）然"，也就是从心里崇敬，才能称得上"智"。《吕氏春秋·有始览·谨听》说"见贤者"要"耸（竦）"，也就是"敬"，才能"惕于心"；只有对"贤者""惕于心"，才会对"贤者""深知"而"师法之"[2]。

［1］高尚榘主编：《论语歧解辑录》，第 17 页。

［2］高诱注："不深知贤者师法之也。"见王利器《吕氏春秋注疏》，巴蜀书社 2002 年版，第 1323 页引。

这里的"惕"，许维通《吕氏春秋集释》[1]、陈奇猷《新校释》[2]、王利器《吕氏春秋注疏》[3]皆从王念孙"惕犹动也"说，张双棣等《吕氏春秋译注》也说"惕：与动义近"，并将"惕于心"译为"动心"[4]。按："惕"训为"动"，不如训为"爱"。《说文·心部》："惕，敬也。从心，易声。"[5]《广韵·锡韵》："惕，爱也。"[6]《尔雅·释训》："惕惕，爱也。"郭璞（276—324）《注》："《诗》云：'心焉惕惕。'《韩诗》以为悦人，故言爱也。"[7]《汉书·叙传》："娖娖公主，乃女乌孙。"颜师古注引孟康曰："娖娖、惕惕，爱也。"[8]《书·盘庚》："不惕予一人。"孙星衍《今古文注疏》引《尔雅》郭注引《韩诗》云："惕惕，悦也。"[9]可见"惕于心"也就是从心里喜爱。

由此看《论语·学而》篇的"贤贤，易色"，"易"当读为"惕"，训为"爱""悦"，也就是喜爱；"色"则像《论语·为政》篇"色难"之"色"、帛书《五行》篇"色然"之"色"一样，与"容色""姿色"无关，当读为"擬"，训为"敬"。所谓"贤贤，易色"，是说"贤贤"，以贤者为贤，就要喜爱之，敬重之。《吕氏春秋·有始览·谨听》"见贤者而不耸（竦），则不惕于心；不惕于心，则知之不深"则是反说：

[1] 许维通：《吕氏春秋集释》卷十三，第17页。
[2] 陈奇猷：《吕氏春秋新校释》，上海古籍出版社2002年版，第716页。
[3] 王利器：《吕氏春秋注疏》卷第十三，第1323页。
[4] 张双棣等：《吕氏春秋译注》，北京大学出版社2000年版，第360、361页。
[5] 丁福保《说文解字诂林》，第10527页。
[6] 文渊阁《四库全书》经部小学类韵书之属《重修广韵》卷一。
[7] 文渊阁《四库全书》经部小学类训诂之属《尔雅注疏》卷三。
[8] 文渊阁《四库全书》史部正史类《前汉书》卷一百下。
[9] 孙星衍：《尚书今古文注疏》，第226页。

"见贤者而不竦（敬）"，就不是从心里喜爱"贤者"；不是从心里喜爱"贤者"，就是对"贤者""知之不深"。"竦（竦）"即"色（凝）"，"惕于心"也就是"易（惕）"。对"贤者"能够见贤思齐，能够喜爱之，敬重之，有了这种态度，"虽曰未学，吾必谓之学矣"，虽然没有"学"的名义，但子夏认为这才是真正的"学"。

《论语·学而》篇"易色"当读为"惕凝"，《为政》篇的"色难"当读为"凝难"，帛书《五行》篇的六个"色然"当读为"凝然"，以此看《论语·乡党》篇的"色斯举矣"，"同之""骇"也，"色"读"疑"显然比读"歜"要好。

帛书《五行》篇《说》部与《论语·学而》等篇"色"字的这种特殊用法，提醒我们两者的渊源值得注意。柳宗元认为《论语》"卒成其书者，曾氏之徒也"[1]。而帛书《五行》篇《说》部则两称"世子曰"，显然帛书《五行》篇《说》部与"世子"有密切的关系。帛书整理小组注〔六八〕曰：《汉书·艺文志》儒家下有"《世子》二十一篇"。原注："名硕，陈人也。七十子之弟子。"又《论衡·本性》："周人世硕，以为人性有善有恶。……性各有阴阳，善恶在所养焉。……作《养书》一篇。"世硕，盖周代陈地人[2]。帛书《五行》篇的抄者和《论语》的抄者一样，都喜欢把"凝"或"疑"写成"色"，郭店楚简《语丛一》的抄者也是如此，喜欢"色""纪"通用。由此看，帛书《五行》篇的《说》部成书时间也不会太晚，也应该是先秦

[1] 柳宗元：《论语辨》，《柳河东集》卷四，第69页。
[2] 国家文物局古文献研究室：《马王堆汉墓帛书（一）》，第27页。

时代的作品；《论语》的流传与帛书《五行》篇《说》部的作者也应有密切的关系，"曾氏之徒"与作为"七十子之弟子"的世硕也应该很接近。池田知久极力主张帛书《五行》篇的"杂家倾向"，反对其为思孟学派的作品[1]，从其"色然"说来看，显然是不能成立的。

---

[1]［日］池田知久著、王启发译：《马王堆汉墓帛书五行研究》，第60—65页。

第十二章 "允执其中""六十而耳顺"正误

> 《论语·尧曰》篇的"尧之所以授舜""舜之所以授禹"
> 的"允执其中"即"允执己中",也就是好好把握住自己
> 的思想、控制住内心的欲望。这是要继位天子以身作则,
> 做克己、修身的模范。《论语·颜渊》篇孔子的"克己"说、
> 《礼记·大学》篇的"正心"说,正是这一思想的阐扬。
>
> 《论语·为政》篇的"六十而耳顺"当作"六十而聏顺",
> "聏"训"和",意即"六十而和顺"。是说孔子六十时,"和
> 顺于道德",顺应而不违背道德之要求。这也是《论语·述
> 而》篇孔子所谓"据于德"之意。

《论语·尧曰》篇的"允执其中"和《论语·为政》篇的"六十
而耳顺"是我们非常熟悉的名言。但仔细考察,这两句名言的解释
也大成问题。下面,我们分别进行探讨。

一、"允执其中"

《论语·尧曰》:"尧曰:'咨!尔舜!天之历数在尔躬,允执其
中,四海困穷,天禄永终。'舜亦以命禹。"[1] 这是说,尧帝让位给

---

[1] 程树德:《论语集释》,第 1349 页。

虞舜的时候，教诲虞舜："天之历数在尔躬，允执其中，四海困穷，天禄永终。"而虞舜在让位给夏禹的时候，也同样说了这一番话。

这一段"尧之所以授舜""舜之所以授禹"的所谓"真传"，是中国传统治国理政思想的核心价值所在。其具体内容如何，学界尚有争议，笔者在此试作探讨。

先说"天之历数在尔躬"。何晏《集解》："历数谓列次也。"邢昺疏："孔注《尚书》云：谓天道。谓天历运之数。帝王易姓而兴，故言历数谓天道。"[1] 如此，"历数"指帝王代天理民的顺序。其实，"天之历数"即"天命"。"天之历数在尔躬"即上天把代天理民之命赋予你了，也就是天命在你身上。换言之，就是上天选中了你做天子。

再说"允执其中"。包咸注："允，信也。困，极也。永，长也。言为政信执其中则能穷极四海，天禄所以长终。"[2] 照此，"尧曰"断句当作："咨！尔舜！天之历数在尔躬。允执其中，四海困穷，天禄永终。"

但"四海困穷，天禄永终"即"天下的百姓都陷于困苦贫穷，上天给你的禄位也会永远地终止了"[3]，显然这并非吉词。"允执其中"怎么会导致"四海困穷，天禄永终"这样的恶果呢？逻辑自然有问题。故朱熹《集注》云："四海之人困穷，则君禄亦永绝矣，

---

[1] 程树德：《论语集释》，第 1349 页。
[2] 程树德：《论语集释》，第 1349 页。
[3] 杨伯峻：《论语译注》，第 221 页。

戒之也。"[1]照此，"尧曰"断句则应作："咨！尔舜！天之历数在尔躬，允执其中；四海困穷，天禄永终。"是说"啧啧！你这位舜！上天的大命已经落到你的身上了，诚实地保持着那正确罢！假若天下的百姓都陷于困苦贫穷，上天给你的禄位也会永远地终止了。"[2]这样来看，"天之历数在尔躬，允执其中；四海困穷，天禄永终"当作"天之历数在尔躬，允执其中；不然，四海困穷，天禄永终"。"四海困穷"句前，明显是脱落了"不然"之类的字眼。"四海困穷"，不是"允执其中"的结果，而是不能做到"允执其中"的恶果。这一逻辑非常清楚。朱熹《集注》的"戒之也"说、杨伯峻译文的"假若"说，都有此意识，却没有点破。"四海之人"为什么"困穷"？"天下的百姓"为什么"都陷于困苦贫穷"？都是因为不能"允执其中"呀！懂得这一道理，"四海困穷，天禄永终"就非得加上"不然"之类的字眼不可。

《论语》这样的早期文献在长期流传过程中有脱文，漏掉了几个字，应该是可以理解的。《论语·学而》载"子曰：'君子不重，则不威；学，则不固。'"孔子重学，好学，《论语》开篇即云"学而时习之，不亦说乎？有朋自远方来，不亦乐乎？"怎么会说"学，则不固"呢？应该是"学"字前漏掉了"不"字，当作"君子不重，则不威；不学，则不固。"[3]不懂得这一点，非要说"学，则不固"

——
[1]朱熹：《论语集注》卷十，《四书章句集注》，第193页。
[2]杨伯峻：《论语译注》，第221页。
[3]宋钢：《论语疑义举例》，《贵州大学学报（社会科学版）》2005年第2期；黄怀信：《论语新校释》，第10页。

如何如何有道理，只能贻笑大方。

又《礼记·中庸》篇载"仲尼曰："君子中庸，小人反中庸。君子之中庸也，君子而时中；小人之中庸也，小人而无忌惮也。'"陆德明《经典释文》："'小人之中庸也'，王肃本作'小人之反中庸也。'"[1]朱熹《中庸章句》："王肃本作'小人之反中庸也'，程子亦以为然。今从之。"[2]"小人之中庸也"句显然脱漏了"反"字，程颐、朱熹都认为据王肃本当补"反"字。

由此可知，"四海困穷，天禄永终"句前脱漏了"不然"之类的字眼，是完全可能的。

"允执其中"的含义其实也颇值得商榷。从"为政信执其中"看，包咸注似乎是以"中"为"正"。皇侃《义疏》明白指出："中，谓中正之道也。"[3]

朱熹《集注》则以为："中者，无过不及之名。"[4]不但视"允执其中"之"中"与"中庸"之"中"为同义[5]，更将其纳入所谓的十六字"心法"中，说"盖自上古圣神继天立极，而道统之传有自来矣。其见于经，则'允执厥中'者，尧之所以授舜也；'人心惟危，道心惟微，惟精惟一，允执厥中'者，舜之所以授禹也。尧之一言，

---

[1]《十三经注疏》整理委员会整理、李学勤主编：《十三经注疏·礼记正义》，北京大学出版社 1999 年版，第 1424 页。
[2]朱熹：《中庸章句》，《四书章句集注》，中华书局 1983 年版，第 19 页。
[3]程树德：《论语集释》，第 1349 页。
[4]朱熹：《论语集注》卷十，《四书章句集注》，第 193 页。
[5]朱熹《中庸章句》："中者，不偏不倚、无过不及之名。"（《四书章句集注》，第 17 页）

至矣，尽矣！而舜复益之以三言者，则所以明夫尧之一言，必如是而后可庶几也。"[1]朱熹相信"晚《书》"，故将《大禹谟》的"人心惟危，道心惟微，惟精惟一，允执厥中"十六字视为"道统之传"。

其实真正的"尧之所以授舜""舜之所以授禹"的"道统之传"是《论语·尧曰》篇所载"天之历数在尔躬，允执其中。[不然]，四海困穷，天禄永终"，至于"人心惟危，道心惟微"两句则源于《荀子·解蔽》篇所引之《道经》，很难说是"舜之所以授禹也"。[2]"允执厥中"本于《论语·尧曰》篇的"允执其中"，这一点应该没有争议。但具体含义，包咸、皇侃以至朱熹以来的解释都不可信，有待深入探讨。

"允"，一般释为"信""诚"，疑当释为"当""宜"，也就是应当。《玉篇·儿部》："允，当也。"[3]又《玉篇·宀部》："宜，当也。"[4]刘向《新序·节士》："如不从先君之命而与子，我宜当立者也，僚恶得为君？"[5]"宜当"复词同义，应当也。蔡邕《光武济阳宫碑》："历数在帝，践祚允宜。"[6]"允宜"也是复词同义，宜当也，应当也。

"执"，操纵、控制、统御。《左传·僖公二十七年》："于是乎

---

[1] 朱熹：《〈中庸章句〉序》，《四书章句集注》，第 14 页。

[2] 详细考证见廖名春《"人心之危，道心之微"本义考——兼论〈大禹谟〉"虞廷十六字"的真伪》（《社会科学》2019 年第 1 期）一文。

[3] 文渊阁《四库全书》经部小学类《重修玉篇》卷三。

[4] 文渊阁《四库全书》经部小学类《重修玉篇》卷十一。

[5] 刘向：《新序》卷七《节士》第七，《四部丛刊》景明翻宋本。

[6] 蔡邕：《蔡中郎集》文集卷五，《四部丛刊》景明活字本。

大搜以示之礼，作执秩以正其官。"杜预注："执秩，主爵秩之官。"[1]
《淮南子·主术》："故法律度量者，人主之所以执下。释之而不用，
是犹无辔衔而驰也。"高诱注："执，制。"[2]

　　"其"，笔者以为当读为"己"。"其""己"，叠韵，音近，故可
通假。《左传·哀公元年》："为之庇以除其害。"晋杜预注："赖此
以得除己害。"[3]《论语·宪问》："不患人之不己知，患其不能也。"
注："王曰'徒患己之无能。'"《论语正义》曰："皇本作'患己无能
也'。"[4]《诗经·王风·扬之水》："彼其之子，不与我戍申。"郑玄笺：
"其，或作'记'，或作'己'，读声相似。"[5]《左传·襄公二十七年》：
"君子曰：'彼己之子，邦之司直。'"[6]按：今本《诗经·郑风·羔裘》
作"彼其"。[7]

　　《说文·丨部》："中，内也。从口、丨，上下通。"[8]许慎（约
58—147）训"中"的本义为"内"，是有争议的。论者以为"中"
本义为"表"，即"标杆"，既可观测日影，也常用于军中，用于合

[1] 杜预：《附释音春秋左传注疏》卷第十六，清嘉庆二十年南昌府学重刊宋本
十三经注疏本。
[2] 刘安：《淮南鸿烈解》卷第九，《四部丛刊》景钞北宋本。
[3] 杜预：《附释音春秋左传注疏》卷第五十七。
[4] 刘宝楠：《论语正义》卷十七，清同治刻本。
[5] 毛亨：《毛诗注疏》卷第四，清嘉庆二十年南昌府学重刊宋本十三经注疏本。
[6] 杜预：《附释音春秋左传注疏》卷第三十八。
[7] 毛亨：《毛诗注疏》卷第四，清嘉庆二十年南昌府学重刊宋本十三经注疏本。
[8] 汤可敬：《说文解字今释》，岳麓书社2001年版，第60页。其注释云："内，
大徐本作而，小徐本作和，段玉裁依宋本校订为内。"

军聚众，教练士卒。[1] 从甲骨文和金文记载的字形看，"中"字的本义与旗帜有关。但从《礼记·中庸》篇的记载来说，许慎说"中"有"内"义，也很有道理。

《礼记·中庸》"喜怒哀乐之未发，谓之中；发而皆中节，谓之和。中也者，天下之大本也；和也者，天下之达道也。致中和，天地位焉，万物育焉"[2]一段，大家都很熟悉。"喜怒哀乐之未发，谓之中"，"中"就是"喜怒哀乐"还没有表现出来时，还没有变为行动时的内心的欲望、内心的思想[3]，这就是"内"。"中"字也可作"衷"，"衷心"的"衷"。所谓"衷心"即内心，出自内心。所以"中"即"内"，也就是"心"。《中庸》肯定的是"和"与"庸"，而非"中"。所谓"发而皆中节，谓之和"，是说"中"，内心的情欲，也就是思想，表现出来以后，付诸于行动，见之于实践，符合节度，符合礼义规范，才能叫作"和"。"中也者，天下之大本也"，是说"中"，也就是"内"，是普天之下人人都具有的本性，因为人人都有"喜怒哀乐""未发"之情欲、思想。这是写实，不是价值肯定。"和也者，天下之达道也。致中和，天地位焉，万物育焉"，则是对"和"的价值肯定了。"和也者，天下之达道也"，是说"和"是普天之下大家通行的原则。既然如此，就要"致中和"，亦即"致中于和"，使"中"致于"和"，

---

[1] 李零：《说清华楚简〈保训〉篇的"中"字》，《中国文物报》2009年5月20日。季旭升：《说文解字新证》，福建人民出版社2020年版，第58—60页，本书也有详细的考证。

[2] 朱熹：《中庸章句》，《四书章句集注》，第18页。

[3] 梁立勇亦认为"中庸"之"中"应释为"心"。说详见氏著：《"中庸"朔义刍议》，《中国史研究》2022年第1期。

使大家的"内",也就是思想,符合礼义的规范。做到了这一点,"致中"于"和"了,就能"天地位焉,万物育焉",阴阳就各在其位了,万物就生长繁育了。所以,"致中和"不是说"中"的重要,而是强调用礼义规范心的重要性。

从《礼记·中庸》"喜怒哀乐之未发,谓之中"说来看,《论语·尧曰》"尧之所以授舜""舜之所以授禹"的"允执其中",即"允执己中",就是好好把握住自己的思想、控制住内心的欲望。这是要继位天子者以身作则,做克己的模范、修身的带头人。

这一理解从《论语》的其他记载中可以得到印证。孔子认为治国君主是关键,所谓"君子之德,风;小人之德,草;草上之风,必偃。"(《论语·颜渊》)君主好比风,老百姓好比草,风向哪边吹,草向哪边倒。因此,君主要"为政以德"(《论语·为政》),做"正身""修己"的模范。孔子说:"政者,正也。子帅以正,孰敢不正?"(《论语·颜渊》)"苟正其身矣,于从政乎何有?不能正其身,如正人何?"(《论语·子路》)"其身正,不令而行;其身不正,虽令不从。"(《论语·子路》)在答子路问时,孔子更提出"修己以敬""修己以安人""修己以安百姓"(《论语·子路》)。如何"正身""修己"?孔子的方案是"克己复礼",具体而言就是"四勿之教"。《论语·颜渊》篇有载:"颜渊问仁。子曰:'克己复礼为仁。一日克己复礼,天下归仁焉。为仁由己,而由人乎哉?'颜渊曰:'请问其目。'子曰:'非礼勿视,非礼勿听,非礼勿言,非礼勿动。'""克己复礼"就是"抑制自己，使言语行动都合于礼"[1]，这与"允执其（己）中"，好好把握住自己的思想、控制住内心的欲望的内涵完全一致。值得注意的是，"克己复礼"说并非孔子的原创，而是孔子引用前人的话。《左传·昭公十二年》说："仲尼曰：'古也有《志》："克己复礼，仁也。"信善哉！楚灵王若能如是，岂其辱于乾溪？'"[2]明确指出其是古《志》上的话。古《志》就是前代的《书》。《论语·尧曰》篇"尧之所以授舜""舜之所以授禹"的"允执其（己）中"说其实也出自古《志》，也就是前代的《书》。两者内涵相合[3]，并非偶然。

孔子君主治国必须要"为政以德"，必须要"正身""修己""克己复礼"的思想，在《礼记·大学》篇里得到进一步的体现。所谓"一家仁，一国兴仁；一家让，一国兴让；一人贪戾，一国作乱""一言偾事，一人定国""尧舜帅天下以仁，而民从之；桀纣帅天下以暴，而民从之；其所令反其所好，而民不从"[4]，云云。"一人"即指人君，此是说君主一人在国家天下治理中具有关键作用。君主一家仁爱，一国也会兴起仁爱；君主一家礼让，一国也会兴起礼让；君主一人贪婪暴戾，一国就会犯上作乱。君主一句话就会坏事，一个人就能安定国家。尧舜用仁爱统治天下，老百姓就跟随着仁爱；桀纣用凶暴统治天下，老百姓就跟随着凶暴。君主的命令与自己的实际

---

[1] 杨伯峻：《论语译注》，第131页。

[2] 杜预：《附释音春秋左传注疏》卷第四十五。

[3] 俞樾：《群经平议》卷三十一，清光绪《春在堂全书》本。"昭十二年《左传》因楚灵王不能自克而引'仲尼曰："古也有《志》：克己复礼，仁也。"信善哉！'则正训克为胜。"

[4] 朱熹：《大学章句》，《四书章句集注》，中华书局1983年版，第9页。

做法相反，老百姓是不会服从的。因此，"君子有诸己而后求诸人，无诸己而后非诸人"，品德高尚的人君，总是要自己先做到，然后才要求别人做到；自己先不这样做，然后才要求别人不这样做。"所藏乎身不恕，而能喻诸人者，未之有也"[1]，不采取这种推己及人的恕道而想让别人按自己的意思去做，那是不可能的。所以，"欲明明德于天下者，先治其国；欲治其国者，先齐其家；欲齐其家者，先修其身"[2]，明君"齐家""治国""平天下"，落脚点还是在"修身"上。

　　如何"修身"？《礼记·大学》篇提出要"先正其心"。为什么？因为"身有所忿懥，则不得其正；有所恐惧，则不得其正；有所好乐，则不得其正；有所忧患，则不得其正"。朱熹说："盖是四者，皆心之用，而人所不能无者。然一有之而不能察，则欲动情胜，而其用之所行，或不能不失其正矣。"[3]其实，"身"当为"心"字之讹，程颐早已指出[4]。"有所忿懥，则不得其正；有所恐惧，则不得其正；有所好乐，则不得其正；有所忧患，则不得其正"的，是"心"而不是"身"。"心"有"忿懥"的时候，会因动气而犯错，所以需要"正"；"心"有"恐惧"的时候，会因害怕而犯错，所以需要"正"；"心"有"好乐"的时候，会因迷恋感性的东西而犯错，所以需要"正"；"心"有"忧患"的时候，会因患得患失而犯错，所以需要"正"。"心"是"正"的对象，"人之其所亲爱而辟焉，之其所贱恶而辟焉，

---

[1] 朱熹：《大学章句》，《四书章句集注》，第9页。
[2] 朱熹：《大学章句》，《四书章句集注》，第3页。
[3] 朱熹：《大学章句》，《四书章句集注》，第8页。
[4] 朱熹：《大学章句》，《四书章句集注》，第8页。

之其所畏敬而辟焉，之其所哀矜而辟焉，之其所敖惰而辟焉"，因为人对于自己所亲爱的会有偏爱，对于自己所厌恶的会有偏恨；对于自己敬畏的会有偏向；对于自己同情的会有偏心；对于自己轻视的会有偏见。所以，"心正而后身修；身修而后家齐；家齐而后国治；国治而后天下平。"[1] 天子、人君修身齐家治国平天下就必须要"正心"，不能放纵自己的情欲。而《论语•尧曰》篇所谓"尧之所以授舜""舜之所以授禹"的"允执其（己）中"说，正是《礼记•大学》篇的这种"正心"说。

君主要"允执其（己）中"，以身作则，克己复礼，这种"为政以德"的模范政治，是尧、舜为代表的上古政治文明的精华。《论语•尧曰》"尧曰：'咨！尔舜！天之历数在尔躬，允执其中，四海困穷，天禄永终"至今仍有其现实意义。

二、"六十而耳顺"

《论语•为政》篇孔子晚年自述其生平经历说：

> 吾十有五而志于学，三十而立，四十而不惑，五十而知天命，六十而耳顺，七十而从心，所欲不逾矩[2]。

---

[1] 朱熹：《大学章句》，《四书章句集注》，第 4 页。
[2] 文渊阁《四库全书》经部四书类《论语注疏》卷二。按：断句用俞樾说，见俞樾《群经平议》卷三十，《续修四库全书》第 178 册，第 487 页。

其中"六十而耳顺"一句，颇不好解。

何晏《集解》引郑玄注曰："耳闻其言而知其微旨。"[1]这是说"耳顺"的意思是耳朵一听到别人的话就知道其深意，指到 60 岁时经验老到，善于"察言"。

皇侃《义疏》："'六十而耳顺'者，'顺'谓不逆也。人年六十，识智广博，凡厥万事，不得悉须观见，但闻其言，即解微旨，是所闻不逆于耳，故曰'耳顺'也。故王弼云：'耳顺，言心识在闻前也。'孙绰云：'耳顺者，废听之理也，朗然自玄悟，不复役而后得，所谓不识不知，从帝之则也。'李充云：'耳顺者，听先王之法言，则知先王之德行，从帝之则，莫逆于心。心与耳相从，故曰耳顺也。'"[2]其说与郑玄注同，但有所发挥。

朱熹《集注》："声入心通，无所违逆，知之之至，不思而得也。"[3]与郑玄注、皇侃《义疏》一样，还是在耳朵上做文章。

清人焦循认为："'耳顺'即舜之察迩言，所为善与人同，乐取于人以为善也。顺者，不违也。舍己从人，故言入于耳，隐其恶，扬其善，无所违也。学者自是其学，闻他人之言，多违于耳。圣人之道，一以贯之，故'耳顺'也。"[4]这是说"耳顺"是虚心向善，其反面则是自以为是，听不进别人的正确意见。

————————————

[1] 文渊阁《四库全书》经部四书类《论语注疏》卷二。
[2] 文渊阁《四库全书》经部四书类《论语集解义疏》卷一。
[3] 文渊阁《四库全书》经部四书类《四书章句集注·论语集注》卷一。
[4] 焦循：《论语补疏》卷一，《清经解》卷 1164，第 6 册，上海书店 1988 年版，第 682 页。

杨伯峻虽然将"六十而耳顺"译为"六十岁，一听别人言语，便可以分别真假，判明是非"，但其注释则老实地说："耳顺——这两个字很难讲，企图把它讲通的也有很多人，但都觉牵强。译者姑且作如此讲解。"[1]他实质上对目前的种种说法是存疑的。

既然照"耳顺"来讲讲不通，人们就曲径通幽，提出了种种改读的意见。如唐人韩愈就说："'耳'当为'尔'，犹言如此也。既知天命，又如此顺天也。"[2]说"耳"当读作"尔"，是"如此"的意思。"六十而耳顺"，是"六十而尔顺"，是"六十而如此顺天"。此说改字为训，颇为大胆。但问题是前文并没有说如何"顺天"，这里一下来一个"如此"，非常突然，文意不顺，句子也不通，难以信从。

也有将"耳"读为"而已"的。赵纪彬说："'而已'急言之为'耳'"，"'而耳顺'当即'而已顺'之误。今人沈有鼎对此有考辨。"[3]又有人说："'耳'同'尔'，'而已'的合音"，"耳顺"之前的"'而'字可能是因为笔误而多出来的。'而耳顺'即'而已顺'，也就是顺天命。"[4]

于省吾也说：

"六十耳顺"之义，殊有可疑。孔子岂待六十闻言始

[1]杨伯峻：《论语译注》，第12—13页。
[2]文渊阁《四库全书》经部四书类《论语笔解》卷上。
[3]赵纪彬：《关于孔子诛少正卯问题》，人民出版社1973年版。
[4]北京大学哲学系1970级工农兵学员：《〈论语〉批注》，中华书局1974年版。

知其微旨乎？皇《疏》引李充，谓"心与耳相从"，朱《注》谓"声入心通"，皆因文缘饰之说。焦循谓"言入于耳，隐其恶，扬其善，无所违也"，此说尤误，孔子岂待六十方知隐恶扬善乎？伪著《论语笔解》谓"耳"当为"尔"，犹言如此也，其不从"耳顺"之说，自具卓识。……按"耳顺"之说，……误。"耳"字乃衍文，然自汉时已如此，则其衍必在秦汉之际矣，或以下言"心"而上增"耳"字，或以"而"与"耳"声韵相同，因之误衍。秦汉之儒，传经释文，衍夺习见。

此十四字应作四句读：六十而顺，七十而从，心所欲，不逾矩。

《庄子·寓言》"二年而从，三年而通"与"六十而顺，七十而从"之语例相仿。综核此章，以"吾十有五而志于学"为发端，以"心所欲，不逾矩"（矩指法则言之）为收束，中间无涉于耳闻之事。且"四十而不惑"，是就接触外界事物而不迷惑为言，其语意已重于"耳顺"，岂待六十始能"耳顺"乎[1]？

其批判"耳顺"之说，言之成理，持之有据，可以信从。但以"耳"为衍文，还是有些牵强，难以服人。

笔者认为"六十而耳顺"之"耳"当读为"聏"。"聏"字从"耳"得声，当与"耳"音同，因此，"聏"完全有可能假借为"耳"。《类篇·耳部》："聏，或作聏，聏又人之切，和也，调也。"[2]《庄子·天下》篇：

---

[1] 于省吾：《论语新证》，《社会科学战线》1980 年第 4 期。
[2] 文渊阁《四库全书》经部小学类字书之属《类篇》卷三十四。

"以聏合欢，以调海内。"陆德明《经典释文》："聏，崔、郭、王云：'和也'。聏和万物，物合则欢矣。"[1] 按："聏"字可写作"䭈"，左右结构之字也可做上下结构，写作"聟"。如此，则作"六十而聟顺"。后人以为有两个"而"字相重，是为衍文，因此删掉一个"而"字。这样，"六十而聟顺"就成了"六十而耳顺"。"聏"训"和"，"六十而聏顺"即"六十而和顺"。"和顺"一词，先秦文献习见。如《说卦传》有："昔者圣人之作《易》也，幽赞于神明而生蓍，参天两地而倚数，观变于阴阳而立卦，发挥于刚柔而生爻，和顺于道德而理于义，穷理尽性以至于命。"[2]《礼记•乐记》篇有："诗言其志也，歌咏其声也，舞动其容也。三者本于心，然后乐气从之。是故情深而文明，气盛而化神。和顺积中而英华发外，唯乐不可以为伪。""是故乐在宗庙之中，君臣上下同听之则莫不和敬；在族长乡里之中，长幼同听之则莫不和顺；在闺门之内，父子兄弟同听之则莫不和亲。故乐者审一以定和，比物以饰节；节奏合以成文。所以合和父子君臣，附亲万民也，是先王立乐之方也。"[3]《荀子•乐论》篇同[4]。《礼记•昏义》篇有："教顺成俗，外内和顺，国家理治，此之谓盛德。"[5]《管子•形势解》："主不失其常，则群臣得其义，百官守其事。父母不失其常，则子孙和顺，亲戚相欢。"[6] "六十而聏顺"，是说孔子

[1] 文渊阁《四库全书》经部五经总义类《经典释文》卷二十八。
[2] 文渊阁《四库全书》经部易类《周易注疏》卷十三。
[3] 文渊阁《四库全书》经部礼类礼记之属《礼记注疏》卷三十八。
[4] 文渊阁《四库全书》子部儒家类《荀子》卷十四。
[5] 文渊阁《四库全书》经部礼类礼记之属《礼记注疏》卷六十一。
[6] 文渊阁《四库全书》子部法家类《管子》卷二十。

60 岁时，"和顺于道德"，"和协顺成"[1]，顺应而不违背道德之要求。这也是《论语•述而》篇孔子所谓"据于德"之意。"据"者，依据、依照，也就是"聑（和）顺"。下文说"七十而从心，所欲不逾矩"，更是在"六十而聑顺"，即顺应而不违背道德之要求的基础上进了一步[2]。

河北定州出土的汉简《论语》此章虽有残损，但大致轮廓还在，其简四、简五作："［吾十］有五而志乎学，卅而立，卌而不惑……而耳顺，七十而……"[3]。从其简五"而耳顺"三字看，与今本"六十而耳顺"同。定州汉简《论语》是"公元前 55 年以前的本子"[4]，可知早在汉宣帝五凤三年时，"六十而聑顺"就已经写成"六十而耳顺"了，这一错误的发生应当在更早的时期。

---

[1] 文渊阁《四库全书》经部易类《周易注疏》卷十三。

[2]《晋阳学刊》2001 年第 3 期上有周克庸《孔子"六十而耳顺"新解》一文，其说"耳"当为"聑"之借字已先得我心，但论证方法有所不同，读者可以参看。又四川大学古籍所博士生向尚提出《说文》中有"聅"字，安也。"耳"或系"聅"之讹。可以参考。

[3] 河北省文物研究所、定州汉墓竹简整理小组：《定州汉墓竹简〈论语〉》，文物出版社 1997 年版，第 11 页。

[4] 河北省文物研究所定州汉墓竹简整理小组：《定州汉墓竹简〈论语〉》，第 1 页。

第五编 文献流传的错误

　　《论语》一书的许多错误，是在长期流传的过程中逐步产生的。现从《论语·里仁》篇中选取三例，试作讨论，来看看问题的严重性。

孔子遇兰感慨

第十三章 "不以其道得之" 之谜

> 《论语·里仁》篇"富与贵是人之所欲也;不以其道得之,不处也。贫与贱是人之所恶也;不以其道得之,不去也"的后一句"不以其道得之"之"得"字可能是"退"字之讹,"不以其道得之"当作"不以其道退之"。

《论语·里仁》篇有载:

> 子曰:"富与贵是人之所欲也;不以其道得之,不处也。贫与贱是人之所恶也;不以其道得之,不去也。"

其"贫与贱是人之所恶也;不以其道得之,不去也"一句,非议颇多。

首先,是错字说。

东汉王充《论衡·问孔》篇曰:"此言人当由道义得(富贵),不当苟取也;当守节安贫,不当妄去也。夫言'不以其道','得'富贵'不居',可也……'贫贱'何故当言'得之'?顾当言:'贫与贱是人之所恶也,不以其道去之,则不去也。'当言'去',不当言'得'。'得'者,施于得之也。今'去'之,安得言'得'乎?"[1]

---

[1] 黄晖:《论衡校释》,中华书局 1990 年版,第 400—401 页。

王充认为"贫与贱是人之所恶也"，"不当言'得'"，"当言'去'"，指责"孔子不能吐辞"，不会说话。

今人程石泉本之，谓："依此章前后文理'得'字应为'去'字之误。'不以其道去之，不去也'，与'不以其道得之，不处也'为平行对偶句法。此类句法屡见经传矣，惜乎前贤见不及此，将错就错，约二千年矣。"[1] 其看法与王充同。

时下最为流行的杨伯峻注也说："'富与贵'可以说'得之'，'贫与贱'却不是人人想'得之'的。这里也讲'不以其道得之'，'得之'应该改为'去之'。译文只就这一整段的精神加以诠释，这里为什么也讲'得之'，可能是古人的不经意处，我们不必再在这上面做文章了。"[2] 因此，在译文中，他就将"不以其道得之"译成了"不用正当的方法去抛掉它"[3]。

方骥龄也认为："本章'不以其道得之'之得，疑当如《孟子•告子上》焦循《正义》所释作'施'字义解。盖富与贵，人人所欲求也；如不依正道而施于人，使人富贵，不处也。贫与贱，人人所厌恶也；如不依正道而施于人，使人贫贱，不去也。"[4] 不但将"贫与贱是人之所恶也；不以其道得之，不去也"句之"得之"改作"施之"，连上句"富与贵是人之所欲也；不以其道得之，不处也"之"得之"也一并改作"施之"。

---

［1］程石泉：《论语读训——附学庸改错》，第45—46页。按：从作者《自序》得知，此书原名《论语读训解故》，1972年首刊于香港。

［2］杨伯峻：《论语译注》，第38页。

［3］杨伯峻：《论语译注》，第38页。

［4］方骥龄：《论语新诠》，台湾"中华书局"1977年版，第92页。

邓球柏虽然承认何晏"时有否泰，故君子履道而反贫贱，此即不以其道得之者也。虽是人之所恶，不可违而去之也"说"亦通"，却又提出："得之当作'夺之'，摆脱'贫与贱'。依上下文义当如此。"[1]

宋钢又认为："依逻辑与道理言，贫与贱，既是人之所恶，故人人不愿得，则后一'得'应为'失'；就文义与句式言，两句既是反义对比，则后一'得'必为'失'方妥。"[2]他虽然认同王充的分析，却主张将"不以其道得之"改为"不以其道失之"。理由是"反义对比"，"得"之反义为"失"。

黄怀信不同意改为"去"或"失"，却主张改为"脱"或"免"。其曰："不以其道得之不去也，'得'字疑本作'脱'或'免'，涉前误。""人无愿得贫贱者，更不得有其道。或云'得之'当为'去之'，亦非。前句言'得'言'处'，得而处之也；此句如前后皆作'去'，则句法参差，且后'去'本为离去之义。又有疑此'得'当为'失'者，尤非，贫贱不可能自动失掉。"[3]

其次，前人还有以后一"不以其道得之"句之"不"字为衍文说。

金人王若虚（1197年选拔为进士）《论语辨惑》曰：

予谓"贫与贱"当云"以其道得之"，"不"字非衍则误也。若夷、齐求仁，虽至饿死而不辞，非以道得贫贱而不去乎？夫生而富贵不必言"不处"，生而贫贱亦安得

---

[1] 邓球柏：《论语通解》，长征出版社1996年版，第65页。

[2] 宋钢：《〈论语〉疑义举例》，《贵州大学学报（社会科学版）》2005年第2期。

[3] 黄怀信：《论语新校释》，第75页。黄怀信等《论语汇校集释》第311页说同。

"去"？此所云者盖傥来而可以避就者耳，故有"以道""不以道"之辨焉。若谓圣人之经不当变易以就己意，则宁阙之而勿讲要，不可随文而强说也[1]。

戴望亦云："'不'者衍字。'以其道得之'，若夷、齐求仁而得仁。"[2]

再次，为避免改字为训，前贤今人在标点上也做足了文章。

朱熹内弟程允夫云："'不以其道得之不去也'，当以'不以其道'为一句，'得之'为一句。"[3]

宋末元初俞琰也说：

"贫与贱是人之所恶也，不以其道得之不去也"，当就"不以其道"点。如说之"不以道"，亦当就"道"点。夫富贵、贫贱是人所欲、所恶也，处富贵而"不以其道"，则吾之得富贵也，宁舍之不处也。贫贱而"不以其道"，则吾之得贫贱也，宁受之不去也。然则得富贵何以处？富贵必"以其道"也。得贫贱者何以去？贫贱亦必"以其道"也。若就"不以其道得之"点，则富贵固有"以其道得之"者，亦有"不以其道得之"者，若贫贱则安有"以其道得之"者哉？大抵如生于公侯家素富贵，是"以其道"而"得之"。生于间阎之中而素贫贱，亦岂"不以其道得之"？"不以其道"盖谓处富贵、去贫贱"不以其道"，非谓得富贵、

---

[1] 文渊阁《四库全书》集部别集类《濂南集》卷四。

[2] 戴望：《戴氏注论语》卷四，《续修四库全书》第157册，第91页。

[3] 文渊阁《四库全书》集部别集类《晦庵集》卷四十一。

得贫贱"不以其道"也[1]。

毕沅（1730—1797）曰："古读皆以'不以其道'为句，此注亦当尔。"[2]也是以为"得之"当连下读。

陈大齐认为俞琰之所以主张于"不以其道"下点句，是因为怀疑于贫贱之中不可能有以其道得之者。但若把道字解作途径，则贫贱亦很可有以其道得之者。游手好闲而致贫，违法失职而致贱，都足为以其道得贫贱的实例。俞琰主张的理由虽未必是，但其主张则甚可采用。"不以其道得之"下读断，则"不以其道"不复是"得之"的状语，以形容"得之"的状况。"不以其道"下读断而把"得之"连下读，则"不以其道"不复是"得之"的状词，而成了"不去也"的前件，意即在"不以其道"的条件下不可以求去贫贱。申言之，意即贫贱并非绝对不可求去，但不得用不正当的手段以求去，故欲去贫贱，必须采用正当的手段。如此解释于理方臻允当。此一读法合上文而观，诚亦不无缺点。上文同样用有"不以其道得之"语，本句于"其道"读断，则牵连所及，上文亦应如此读断。上文于"其道"下读断，在义理上虽非不可通，但究不如于"得之"下读断之较胜一筹。故采用此一读法，不免有上下文不相应的缺点。但就本句而论，必如此读法，才可以解释得合情合理[3]。

最后，今人徐刚虽然肯定"富贵，是人所欲得，贫贱，却不是

［1］文渊阁《四库全书》子部杂家类《书斋夜话》卷一。

［2］陈奇猷：《吕氏春秋校释》，学林出版社1984年版，第1656页。

［3］陈大齐：《论语臆解》，第67页。

人所欲得，但本章都说'不以其道得之'。从逻辑的角度讲，也有问题，正确的应该是，贫与贱'不以其道去之，不去也'"，但是他却坚持"这并不意味着'不以其道得之'一定不符合语法，不能说"。并以《左传》《国语》中的"敢"也可训为"不敢"为证[1]。

上述错字、衍文、"得之"当连下读以及符合语法之四说中，后三说"上下文不相应"，句式不相协，语法与逻辑相矛盾，违反语言表达的习惯，可不予置论。值得讨论的只能是错字说。

错字说的六种改法中，"得"改为"去"说首先应该排除。上句说"不以其道得之，不处也"，是"得之"而"不处"，此若改作"不以其道去之，不去也"，则是"去之"而"不去"。用词重复，与上句不协，非常明显。

方骥龄将两句的"得"字都改为"施"，过于武断。本章孔子是讲"人"对"富与贵""贫与贱"的选择，不是讲将"富与贵""贫与贱"授予"人"，故不能称"施"，理所当然。

邓球柏将"得"字改为"夺"，从语言习惯上，是行不通的。因为文献里很难找出"夺贫贱"的用例来，我们不能生搬硬造。

黄怀信认为"'得'当为'失'者，尤非，贫贱不可能自动失掉"，其说有一定道理。《论语•阳货》："既得之，患失之。""得"与"失"固然相反，但"失"所带的宾语往往是值得肯定、值得珍惜的东西。我们可以说失富贵，但不好说失贫贱。"贫与贱是人之所恶也"，所以，不值得说"失"。

---

[1] 徐刚：《孔子之道与〈论语〉其书》，北京大学出版社2009年版，第127页。

　　至于"得"能否改为"脱"或"免"，也可讨论。从语言习惯来说，"脱""贫与贱"或"免""贫与贱"都是可以的。但是，回到文本中，则要回答一个问题：为什么《论语》此句的"脱"或"免"会被错成"得"？它们既没有语音相近的关系，也没有语义相近的关系，更没有字形相近的关系。因此，说"不以其道得之"之"得"是"脱"或"免"字之误，理由并不充分。

　　徐刚以"反义同词"说"贫与贱是人之所恶也，不以其道得之"不误也是有问题的。在同一语境中，"得"有"得""失"两义是难以想象的。《左传》《国语》中的"敢"也可训为"不敢"，这里不是说"敢"本身就有"不敢"的意思，而是说反问句里的"敢"表达出来的是"不敢"的意思。比如"我敢吗"，意思就是"我不敢"。"我不敢吗"，意思就是"我敢"。这是反问句的表达问题，应该与词义无涉。我们不能说"富与贵是人之所欲也，不以其道得之"是肯定句式，到"贫与贱是人之所恶也，不以其道得之"就成了反问句式了。所以，"贫与贱是人之所恶也，不以其道得之"的问题无论如何也否认不了。

　　笔者认为"贫与贱是人之所恶也，不以其道得之，不去也"句之"得"字可能是"退"字之讹。"得"字《得鼎》作"𢔂"，古玺作"𢔖"，《说文·彳部》小篆作"𢔨"，《会稽山刻石》作"𢔨"，《泰山刻石》作"𢔨"，《魏三体石经·僖公》小篆作"𢔨"[1]。而"退"字汉碑多作"𨘈"。《隶释》卷七《山阳太守祝睦碑》："君惟老氏，名遂身𨘈。"《山阳太守祝睦

---

[1] 详见《中文大辞典》，台湾中国文化研究所 1968 年版，第 5111 页。

后碑》："**遉**身衡门，童冠翔集。"[1]《隶辨》卷四："**遼**，《梁休碑》：
'罔**遼**潜伏。'"清顾蔼吉注："按，即退字。《说文》本作，下从夂，
碑变从友。"[2] 按："退"字，《说文》小篆作"**得**"，古文作"**遏**"。
汉碑里的"退"字作"**遉**""**遼**"，与《说文》里的"得"字形近，疑
后人因此而讹，将"贫与贱是人之所恶也，不以其道退之，不去也"
错写成"贫与贱是人之所恶也，不以其道得之，不去也"。

　　"退"与"去"义近，因而"退去"连言。《汉书·刘向传》："劾
更生前为九卿，坐与望之、堪谋排车骑将军高、许、史氏侍中者，
毁离亲戚，欲退去之，而独专权。""退"与"免"亦义近，因而有"免
退""退免"之说。葛洪《抱朴子·酒诫》："陈遵之遇害，季布之疏斥，
子建之免退，徐邈之禁言，皆是物也。"《晋书·齐王冏传》："董艾
放纵，无所畏忌，中丞按奏，而取退免。"《魏书·慕容白曜传》："以
无恒之心，奉有常之法，非所克堪，乞垂退免。"所以"得""富贵"
而"退""贫贱"，近于"得""富贵"而"去""贫贱""免""贫贱"，
从语义上说，应该没问题。张秀华也有同样的意见，可以参考。他说：

　　"得""退"字形相近，"退"字作：

　　1. 战国时期：A. **遼** B. **遼** C. **逯**
　　2. 秦汉魏晋时期：D. **得** E. **退**

　　与前引"得"字字形较焉接近，尤其 C 种写法的"退"与 E 种

[1] 洪适：《隶释 隶续》，中华书局 1985 年版，第 81、84 页。按：文渊阁《四库全书》
经部小学类《隶释》卷七《山阳太守祝睦后碑》"**遉**"作"复"，误。
[2] 文渊阁《四库全书》经部小学类《隶辨》卷四。

写法的"得"字形更接近。20 世纪 90 年代中叶，浙江绍兴曾出土两件越王青铜戈，其中一件为澳门收藏家、珍秦斋主人萧春源先生收藏，吴振武师曾目视原件。曹锦炎先生、吴振武师皆对此戈铭文做过研究。戈铭有"得"字，曹先生释为"得"，吴振武师改释为"退"。吴师说："戈铭'退'字从'辵'，同于《说文》古文；所从'艮'旁的写法，则与西周金文'退'字作"退""得"者略近，惟其下部所从的'夊'旁已讹变成'又'形。类似的情形，亦见于战国时期的'腹'字。"同一个字形，之所以会有释"得"释"退"的不同，其中最重要一个的原因是"得""退"两个字字形接近。

"退""去"义近。《楚辞·离骚》"退将复修吾初服"，王逸注："退，去也。"《左传·昭公二十五年》："公退之。"杜预注："退，使去。"《礼记·大同》："如有不由此者，在势者去，众以为殃，是谓小康。""去"，郑玄注："罪退之。"[1]

杨琳则有不同意见，其云："《论语》'不以其道得之，不去也'之'得'盖有古本或作'直'，义为弃去、去除。传抄者不明其义，受上文'得'之影响，误以为是'得'之通假，故易为'得'，遂使文意扞格不通。"[2]

"它山之石，可以攻玉"，换一种思路，也颇有启发。

---

[1] 张秀华：《论语不以其道得之解》，《吉林大学古籍研究所建所三十周年纪念论文集》，上海古籍出版社 2015 年版，第 601 页。

[2] 杨琳：《出土资料对解证传世文献疑难字词的价值》，《中国文字研究》2019 年第 2 期。

第十四章 "不能以礼让为国如礼何"的读法

"能以礼让为国乎？何有！不能以礼让为国，如礼何"的断句有误。"不能以礼让为国如礼何"句中的"礼"当涉上文"礼让"之"礼"而衍，"如礼何"当作"如何"。此章当读作："子曰：'能以礼让，为国乎何有！不能以礼让，为国如何！'"

《论语·里仁》篇"能以礼让"章何晏《集解》作：

子曰：能以礼让为国乎何有？注：何有者，言不难。不能以礼让为国如礼何？注：包曰：如礼何者，言不能用礼[1]。

皇侃《义疏》：

云"能以礼让为国乎何有"者，"为"犹治也，言人君能用礼让以治国，则于国事不难，故云"何有"，言其易也。故江熙曰："范宣子让，其下皆让之，人怀让心，

[1] 文渊阁《四库全书》经部四书类《论语注疏》卷四。

则治国易也。"云"不能以礼让为国如礼何"者，若昏阎之君，不为用礼让以治国，则如治国之礼何？故江熙曰："不能以礼让，则下有争心。锥刀之末，将尽争之，唯利是恤，何遑言礼也？"[1]

邢昺疏：

此章言治国者必须礼让也。"能以礼让为国乎"者，为，犹治也。礼节民心，让则不争。言人君能以礼让为教治其国乎？云"何有"者，谓以礼让治国，何有其难，言不难也。"不能以礼让为国"者，言人君不能明礼让以治民也。"如礼何"者，言有礼而不能用，如此礼何[2]！

朱熹《集注》：

让者，礼之实也。何有，言不难也。言有礼之实以为国，则何难之有？不然，则其礼文虽具，亦且无如之何矣，而况于为国乎[3]？

蔡节（1246 年为朝散郎）指出："晦庵朱氏曰：'此当分为三句，中句至国字为绝。'"[4]如此，当断句为：

---

[1] 文渊阁《四库全书》经部四书类《论语集解义疏》卷二。
[2] 文渊阁《四库全书》经部四书类《论语注疏》卷四。
[3] 文渊阁《四库全书》经部四书类《四书章句集注·论语集注》卷二。
[4] 文渊阁《四库全书》经部四书类《论语集说》卷二。

> 子曰："能以礼让为国乎何有，不能以礼让为国，如礼何？"

但"何有"与"如何"是相对的。何晏《集解》："何有者，言不难。"这是古代的常用语，用反问的语气表示不难，是"有什么"，即"算不了什么""没有什么难"，也就是"有何困难"的意思。如《论语·雍也》篇：

> 季康子问："仲由可使从政也与？"子曰："由也果，于从政乎何有？"曰："赐也可使从政也与？"曰："赐也达，于从政乎何有？"曰："求也可使从政也与？"曰："求也艺，于从政乎何有？"

《论语·子路》篇：

> 子曰："默而识之，学而不厌，诲人不倦，何有于我哉？"

《论语·子罕》篇：

> 子曰："出则事公卿，入则事父兄，丧事不敢不勉，不为酒困，何有于我哉！"

"于从政乎何有"，即"于从政"有何难；"何有于我哉"，即"于我"有何难。

《论语》多有"如……何"的句式,表达的都是否定的意思。如《论语·八佾》篇：

> 子曰："人而不仁,如礼何? 人而不仁,如乐何?"

"如礼何"是对"礼"的否定,"如乐何"是对"乐"的否定。《论语·述而》篇：

> 子曰："天生德于予,桓魋其如予何?"

"桓魋其如予何"是对桓魋行为的否定,即桓魋不能把我怎么样。《论语·子罕》篇：

> 子畏于匡。曰："文王既没,文不在兹乎? 天之将丧斯文也,后死者不得与于斯文也；天之未丧斯文也,匡人其如予何?"

"匡人其如予何"是对匡人行为的否定,即匡人不能把我怎么样。《论语·宪问》篇：

> 子曰："道之将行也与? 命也。道之将废也与? 命也。公伯寮其如命何!"

"公伯寮其如命何",即公伯寮拿"命"没办法。《论语·子路》篇：

　　子曰 :"苟正其身矣, 于从政乎何有? 不能正其身,
如正人何! "

　　"于从政乎何有", 表示的是对"从政"的肯定 ;"如正人何",
表示的是对"正人"的否定,即不能"正人"。这里"何有"与"如……
何"相对, 其意义相反, 非常明显。

　　正因为看到"何有"与"如……何"相反为义, 所以今人一般
都否定了传统的"分为三句"的标点, 将此章"子曰"的内容断为
四句, 即 :

　　子曰 :"能以礼让为国乎? 何有! 不能以礼让为国,
如礼何! "[1]

目前学界人士皆本之。

　　不过, 笔者认为, 这一断句还是有问题。

　　"能以礼让为国乎""不能以礼让为国"的断句历史悠久, 从上
述皇侃《义疏》到邢昺疏都是如此。《汉书·匡衡传》匡衡引"孔子曰 :
能以礼让为国乎何有? "颜师古注 :"《论语》载孔子之言, 谓能以
礼让治国,则其事甚易。"[2] 也是以"礼让为国"连读。《盐铁论·轻
重》载文学曰 :"礼义者, 国之基也, 而权利者, 政之残也。孔子
曰 :'能以礼让为国乎? 何有。'"其《诛秦》篇文学又曰 :"夫礼让

---

[1] 杨伯峻 :《论语译注》, 第 40 页。
[2] 文渊阁《四库全书》史部正史类《前汉书》卷八十一。

为国者若江、海，流弥久不竭，其本美也。"特别是《汉书·韦贤传》韦玄成友人侍郎章上疏、《后汉书·刘般传》贾逵上书及《列女传》曹世叔妻上疏所引皆以"礼让为国"为读[1]，可见汉儒已开其端。

但程颐却说：

> 礼者为国之本。"能以礼让"，复何加焉？"不能以礼"，将"如礼何"？无"礼让"则不可以"为国"也[2]。

与朱熹同时的张栻也说：

> 为国以礼，其言不让，夫子所以哂季路。然则能以礼让，固为国之本，盖和顺辑睦之所由兴也；不能以礼让，则其为国也，将如礼何？谓礼虽在，天下其将如之何哉，是亦无以为国矣[3]。

所谓"能以礼让，固为国之本，盖和顺辑睦之所由兴也；不能以礼让，则其为国也，将如礼何"，显然是将此章断作：

> 子曰："能以礼让，为国乎何有！不能以礼让，为国如礼何！"

---

[1] 文渊阁《四库全书》史部正史类《前汉书》卷七十三、《后汉书》卷六十九、卷一百十四。
[2] 文渊阁《四库全书》经部五经总义类《程氏经说》卷七。
[3] 文渊阁《四库全书》经部四书类《癸巳论语解》卷二。

以"礼让"断句,将"为国"归下读,表面上看与《论语·先进》篇"曰:'夫子何哂由也?' 曰:'为国以礼,其言不让,是故哂之'"有矛盾,实质并无冲突。"为国"之"为",皇侃《义疏》云"犹治也",是"为国"即治国。此章是一正一反讲"礼让"对于治国的重要性。"能以礼让,为国乎何有"是正说,是从正面肯定"礼让"对于治国的意义;"不能以礼让,为国如礼何"是反说,是从反面强调不讲"礼让",则不能治国。可见"能以礼让"与"不能以礼让"都是条件分句,而"为国乎何有"与"为国如礼何"都是结果分句。弄懂得了此章的逻辑结构,就只能以"礼让"断句。

今人对此章的文字有一些改动的意见,也值得注意。程石泉说:

> 据《后汉书·刘恺传》贾逵上书引此文作:"能以礼让为国,于从政乎何有?"又据《后汉书·列女传》曹世叔妻上疏引文亦作:"能以礼让为国,于从政乎何有?"且依上下文意应增"于从政"三字[1]。

杨朝明之说同[2]。如此,该章就当作:

> 子曰:"能以礼让为国,于从政乎何有! 不能以礼让为国,如礼何!"

---

[1] 程石泉:《论语读训——附学庸改错》,第51页。
[2] 杨朝明:《论语诠解》,第32页。

黄怀信也说：

> "于从政"三字旧脱，《后汉书·刘般传》贾逵上书及《后汉书·列女传》曹世叔妻上疏所引补，而"从"又疑当作"行"。如礼何，"礼"字疑当作"政"，涉前误[1]。

如此，该章就当作：

> 子曰："能以礼让为国，于行政乎何有！不能以礼让为国，如政何！"

这些意见，虽颇富启发，但揆之上下文，皆不可取。

以"乎何有"句上脱"于从政"三字，虽有《后汉书·刘般传》贾逵上书及《后汉书·列女传》曹世叔妻上疏所引为证，但并不足取。因为如皇侃《义疏》，"为国"即治国，再紧接着说"于从政"，还是讲治国，实在是重复，完全没有必要。改为"于行政"本质上也还是一样，叠床架屋。

黄怀信将"如礼何"改为"如政何"，是看到了条件分句"礼让"和结果分句"礼"内容相同的问题。比如杨伯峻就将"不能以礼让为国，如礼何"翻译成"如果不能用礼让来治理国家，又怎样来对待礼仪呢？"[2]从字面上看，我们不能说杨氏的翻译不好。但从逻

---

[1] 黄怀信：《论语新校释》，第82页。黄怀信等：《论语汇校集释》，第334页。说同。
[2] 杨伯峻：《论语译注》，第40页。

辑上看，的确有毛病。但黄氏改"礼"为"政"，"如政何"与上句"何有"句式还是不协，而且"政"与"为国"重复，因此还得另求新解。

笔者认为"如礼何"句中的"礼"当涉上文"礼让"之"礼"而衍，"如礼何"当作"如何"。

"如何"意义则与"何有"相反，是"奈何""没有什么办法"的意思，是用反问的语气表示否定，表示不能怎么样。这在《公冶长》篇可以看得很清楚：

> 子曰："臧文仲居蔡，山节藻梲，何如其知也？"

"何如"即"如何"，"何如其知"即"其知如何"，也就是"其智不怎么样"，表示的是对臧文仲"其智"的否定。同理，此章"为国如礼何"当作"为国如何"，即"治国不怎么样"，表示的是对其治国的否定。懂得这一道理，此章就当读作：

> 子曰："能以礼让，为国乎何有！不能以礼让，为国如何！"

孔子这是说：（为上者）能依礼谦让，治理国家有什么困难呢！如果不能依礼谦让，治理国家又能怎样！很明显，孔子如此强调"礼让"对治国的重要，应该是针对鲁国执政的季氏僭越礼制而言的。

第十五章 "求为可知也"的错中出错

> "求为可知也"当作"患未为可知也"。"求"是"未"字的讹文,而"患"在更早时漏脱了。"不患无位,患所以立;不患莫己知,患未为可知也"是说:不怕没有官位,就怕自己没有做官的本领;不怕没人知道自己,就怕自己没做能让人知道的事。

《论语·里仁》篇又载:

> 子曰:"不患无位,患所以立;不患莫己知,求为可知也。"

何晏《集解》:"包曰:'求善道而学行之,则人知己也。'"[1]

皇侃《义疏》:"云'不患无位,患所以立'者,时多患无爵位,故孔子抑之也。言何患无位,但患己才阁无德以处立于位耳。云'不患莫己知也,求为可知也'者,又言若有才伎,则不患人不见知也,故云'不患莫己知'也。若欲得人见知,唯当先学才伎使是人知,故云'求为可知也'。"[2]

---

[1]文渊阁《四库全书》经部四书类《论语注疏》卷四。
[2]文渊阁《四库全书》经部四书类《论语集解义疏》卷二。

邢昺疏：“此章劝学也。‘不患无位’者，言不忧爵位也。‘患所以立’者，言但忧其无立身之才学耳。‘不患莫己知’者，言不忧无人见知于己也。‘求为可知也’者，言求善道而学行之，使己才学有可知重，则人知己也。”[1]

所谓“求为可知”，杨伯峻译为“去追求足以使别人知道自己的本领好了”[2]；黄怀信译为“求取可以使人知道的本领”[3]；黄克剑解为“追求那些值得为人所知的东西”[4]。他们皆是以“求”为“追求”“寻求”“求取”。

不过，也有一些不同的意见。萧民元认为：“‘为’是指‘有所作为’。而‘求’字，与其解成‘追求’，不如解成‘致力于’或‘努力于’。合解‘求为可知也’就是：‘只要你致力于有所作为，替老百姓多做些真正有益的事，你的名声，自然就可建立起来了。’”[5]

程石泉则认为：

按此章上下文理应缺一“患”字。此类连锁对比文句已数见于《论语》，如“不患人之不己知，患不知人也”（《学而第一》），“子曰：不患人之不己知，患其不能也”（《宪问第十四》）。又此章前段作“不患……患……”，后段亦应作“不

［1］文渊阁《四库全书》经部四书类《论语注疏》卷四。
［2］杨伯峻：《论语译注》，第41页。
［3］黄怀信：《论语新校释》，第83页。
［4］黄克剑：《〈论语〉解读》，中国人民大学出版社2008年版，第70页。
［5］萧民元：《论语辨惑》，中国社会科学出版社2001年版，第59页。

患……（患）……"。故"求为可知"前应有一"患"字[1]。

如此，此章就当作：

> 不患无位，患所以立；不患莫己知，（患）求为可知也。

按：萧氏文辞有欠通顺，可不予置辩；而程石泉的意见则是正确的。《论语·卫灵公》篇也说："君子病无能焉，不病人之不己知也。"《论语·学而》《论语·宪问》《论语·卫灵公》的以上三例中，"不患"与"患"，"不病"与"病"都是相对应的。此章也当如此，上句既言"不患"，下句就当有"患"相呼应。所以，"求为可知也"前当补"患"字。

但补了"患"字后，问题也来了。"（患）求为可知也"，语气不顺，实为不辞。这应该就是前贤视而不见，不敢补"患"字的原因。

定州汉简本《论语》的出现为解决这一问题提供了契机。其简七一载：

> 子曰："不患无位，患所（以立；不患莫己知，未为可知也）。"[2]

圆括号内的文字，根据《定州汉墓竹简〈论语〉》一书的"凡

———————————

[1]程石泉：《论语读训——附学庸改错》，第51页。
[2]河北省文物研究所、定州汉墓竹简整理小组：《定州汉墓竹简〈论语〉》，第20页。

例",是"因唐山地震扰动残损的""简文"[1],并非后人所补。因此,还是可以信据的。

赵晶指出:简本"求"作"未"。此句若依通行本,后两句多解释为"不怕没有人知道自己,去追求足以使别人知道自己的本领好了"或"不担心没有人知道自己,而是追求自身所拥有的"。如依简本,可解释为"不担心没有人知道自己,(而是担心自己的水平)还没有达到让人知道自己的地步"。根据前一句"不患……患"的句式来看,依简本应更佳[2]。

这一意见是正确的。根据定州汉墓竹简本《论语》,今本的"求"当作"未"。再依据前一句"不患……患"的句式,在"未为可知也"前当补出"患"字来,"患未为可知也",即"患不为可知也"。这样,自然也就文从字顺了。

由此可见,此章当作:

> 子曰:"不患无位,患所以立;不患莫己知,患未为可知也。"

孔子这是说:不怕没有官位,就怕自己没有做官的本领;不怕没人知道自己,就怕自己没做能让人知道的事。

定州汉墓竹简本《论语》此句没有"患"字,是其失;其"求"作"未",保存了《论语》祖本的原貌,则弥足珍贵。不过,"未"

---

[1] 河北省文物研究所、定州汉墓竹简整理小组:《定州汉墓竹简〈论语〉》,第 8 页。
[2] 赵晶:《浅析定州汉简本〈论语〉的文献价值》,《浙江社会科学》2005 年第 2 期。

今本怎么又写成了"求"字了呢？值得探讨。

笔者认为当是形近而讹。"未"字《三体石经·多方》作"米"、《说文·未部》作"米"、《睡虎地秦简》二四·四〇作"米"，而"求"字《诅楚文》作"求"。马王堆简帛文字中，"未"写作"未""未""未""未"，"求"写作"求""求"[1]，两者字形相近，非常容易相混。因此，在辗转传抄的过程中，后人将"未"错写成"求"，是很有可能的。

---

[1] 陈松长等：《马王堆简帛文字编》，文物出版社2001年版，第598—599、354页。

新附编

孔子教化民众

第十六章 "欲寡其过而未能也"说辨正
——兼论"我无能焉"的释读

> 《论语·宪问》篇使者所谓"夫子欲寡其过而未能也",
> 既非谦辞;说蘧伯玉"想减少过错却还没能做到",也非
> 其对蘧伯玉的非议,言其过多而无能;而是说蘧伯玉"喜
> 欢舍弃他的过错",在喜欢改过、勇于改过上,无人能及,
> 没有谁赶得上。"君子道者三,我无能焉",亦非谦辞,孔
> 子是说"仁者不忧,知者不惑,勇者不惧"这三件事"我
> 无能焉",没有人比得上我。

蘧伯玉(约前585—约前484)是春秋时期卫国的贤大夫,是
孔子最为尊敬的政治家[1]。《论语》一书关于蘧伯玉的记载有二。一
是《论语·卫灵公》篇孔子赞其为"君子",说他"邦有道,则仕;
邦无道,则可卷而怀之"。[2]政治清明就出来做官,即"兼济天下";
政治黑暗就可以把自己的本领收藏起来,即"独善其身"。为政既
坚持原则,又识时务、懂得进退。这里的释读,并无问题。但另一
处《论语·宪问》篇的记载,却颇值得讨论。

---

[1]《史记·仲尼弟子列传》:"孔子之所严事……于卫,蘧伯玉。"
[2]何晏注、邢昺疏,朱汉民整理:《论语注疏》,第238页上。

蘧伯玉使人于孔子。孔子与之坐而问焉，曰："夫子何为？"对曰："夫子欲寡其过而未能也。"使者出。子曰："使乎！使乎！"[1]

20 世纪 70 年代河北定州八角廊出土的汉简本《论语》有此章的残简，释文作："……人使于孔子（391）……使者出。子曰：使（392）……"整理者指出："人使"，今本作"使人"[2]。

按："使人"如果不是书手误倒的话，则简文与今本有别。今本的"蘧伯玉使人于孔子"，简文则有可能是作："［蘧伯玉遣］人使于孔子"。可惜第 392 号、393 号简的前半部分都有残损，不然，文献价值就更大了。

《论语·宪问》篇此章"夫子欲寡其过而未能也"自注疏以来的主流意见都认为是"使者"的谦辞，明明蘧伯玉"求进甚急，善于改过"，却故意说"他老人家想减少过错却还没能做到"[3]。如何晏《集解》就说："言夫子欲寡其过而未能无过。"[4]邢昺疏亦谓："言夫子常自修省，欲寡少其过，而未能无过也。"[5]朱熹《集注》也云："言其但欲寡过而犹未能，则其省身克己，常若不及之意可见矣。"[6]钱穆《新解》因

［1］何晏注、邢昺疏，朱汉民整理：《论语注疏》，第 222 页上。
［2］河北省文物研究所、定州汉墓竹简整理小组：《定州汉墓竹简〈论语〉》，第 69 页。
［3］杨伯峻：《论语译注》，第 163 页。
［4］何晏注、邢昺疏，朱汉民整理：《论语注疏》，第 222 页上。
［5］何晏注、邢昺疏，朱汉民整理：《论语注疏》，第 222 页上。
［6］朱熹：《论语集注》卷七，《四书章句集注》，第 155—156 页。

此将其译为："我们先生只想要少些过失，但总觉还未能呀！"[1]

下文"子曰：'使乎！使乎'"，也认为是孔子对蘧伯玉"使者"善于辞令的称赞。如魏人陈群（？—237）就说："再言'使乎'者，善之也。言使得其人。"[2]邢昺疏亦谓："孔子善其使得其人，故言'使乎'。所以善之者，颜回尚未能无过，况伯玉乎？而使者云'未能'，是伯玉之心不见欺也。"[3]朱熹《集注》也云："使者之言愈自卑约，而其主之贤益彰，亦可谓深知君子之心而善于辞令者矣。故夫子再言'使乎'以重美之。"[4]杨伯峻《论语译注》曰："使者之言既得其实，又不卑不亢，所以孔子连声称赞。"[5]钱穆《新解》总结道："不曰'欲无过'，而曰'欲寡过'，又曰'未能焉'，使者言愈卑，而其主之贤愈益彰，故孔子重言叹美之，曰：'使乎！使乎！'"[6]

但东汉王充对此却有不同的理解。其《论衡·问孔》篇云："蘧伯玉使人于孔子，孔子曰：'夫子何为乎？'对曰：'夫子欲寡其过而未能也。'使者出，孔子曰：'使乎！使乎！'非之也。说《论语》者，曰：'非之者，非其代人谦也。'"[7]他认为"孔子曰：'使乎！使乎'"是"非之也"，是责备使者"代人谦也"，其越俎代庖，擅自替蘧伯玉做主，过分谦虚，有损于主人的名誉。

[1] 钱穆：《论语新解》，生活·读书·新知三联书店 2002 年版，第 375 页。
[2] 何晏注、邢昺疏，朱汉民整理：《论语注疏》，第 222 页上。
[3] 何晏注、邢昺疏，朱汉民整理：《论语注疏》，第 222 页下。
[4] 朱熹：《论语集注》卷七，《四书章句集注》，第 156 页。
[5] 杨伯峻：《论语译注》，第 154 页。
[6] 钱穆：《论语新解》，第 375 页。
[7] 黄晖：《论衡校释》，第 423 页。

王充又接着说："夫孔子之问使者曰'夫子何为'，问所治为，非问操行也。如孔子之问也，使者宜对曰'夫子为某事，治某政'，今反言'欲寡其过而未能也'。"[1] 是说孔子问使者说"他老先生在干什么"，问的是在政治上的所作所为，不是问他的操行。按照孔子的问话，使者应该回答说"他老先生在干某件事，治理某项政务"，如今使者反而说"他想减少自己过错还没有做到"。这是指责使者答非所问，非常不得体，进一步坐实了"孔子曰：'使乎！使乎'"是"非之也"，是对使者的批评指责。

《三国志·蜀志·伊籍传》记载："（伊籍）使于吴，孙权闻其才辩，欲逆折以辞。籍适入拜，权曰：'劳事无道之君乎？'籍即对曰：'一拜一起，未足为劳。'"[2] 刘知几（661—721）《史通·杂说中》评论道："伊以敏辞辨对，可免'使乎'之辱。"黄晖（1909—1974）认为：这也是"以'使乎'为'非之'之辞"[3]。当属可信。

友人黄怀信教授也持同样的看法，其大着《论语新校释》云："《论衡·问孔》引'使乎使乎'后有'非之也'三字，当是。增之惊俗，今依旧。""此章批评蘧伯玉之使，言'欲寡其过而未能'，一则见其过多，一则见其无能，可见是揭主人之短，非议主人。孔子非之甚，故重言'使乎'。使不能扬主之长反揭其短，何得为使？旧以为赞其使，谬也。"[4] 其《论语汇校集释》也说："使者云'夫子欲寡

---

[1] 黄晖：《论衡校释》，第 424 页。
[2] 陈寿：《蜀书》卷八，《三国志》百衲本景宋绍熙刊本。
[3] 黄晖：《论衡校释》，第 424 页。
[4] 黄怀信：《论语新校释》，第 353—354 页。

其过而未能也'，明有非议其主之嫌，故孔子不以其为使，而以为是'非之'，言这还算使者吗？重言之，不满之甚也。"[1]如此说来，传统的解释大谬，使者于蘧伯玉不是赞而是非，孔子于使者不是褒而是贬。

这两种水火不同的理解，谁是谁非？值得一辨。

首先应该肯定，蘧伯玉之使当着孔子之面非议其主人蘧伯玉"过多"而"无能"是不可能的。因为这不但有违使命，也不合礼节。如果真的是这样的话，只能说蘧伯玉有眼无珠，派出这样的使者，太无识人之明了！所谓"非之也"三字，应非"经"而当为"注"，是传《论语》之人的注解。"说《论语》者，曰：'非之者，非其代人谦也'"，当属解"注"之语，相当于后世之"疏"。今传《论语》各种版本，皆无"非之也"三字，当属明证[2]。所以，将《论衡•问孔》的"非之也"三字当成《论语》原文，疑不可从。

以注疏为代表的谦辞说、褒词说是不是就一定能成立呢？我看也未必。所谓的谦虚，是以多为少，以贵为贱，而不是彻底否认、黑白颠倒。如果蘧伯玉使者说"夫子欲寡其过而未能也"是"他老人家想减少过错却还没能做到"的话，就是说蘧伯玉尽管"欲寡其过"，主观上想减少过错，但"未能也"，客观上却未能做到，所谓的"寡过"，只是放了一个空炮而已。这就彻底地否定了蘧伯玉的"寡过"之"为"，完全有悖于文献的记载。

---

[1] 黄怀信等：《论语汇校集释》，第 1303 页。
[2] 至于最近海昏侯汉墓出土的《论语》，有没有此三字，还有待证明。

《淮南子·原道》有云："蘧伯玉年五十而知四十九年非。"[1] 是说蘧伯玉活到五十岁时，觉得前四十九年都做得不对。这是蘧伯玉不但有"寡过"的主观愿望，而事实上做到了"寡过"的证明。

《庄子·则阳》篇的记载稍有不同："蘧伯玉行年六十而六十化，未尝不始于是之，而卒诎之以非也；或未知今之所谓是之非五十九非也。"[2] 是说蘧伯玉活到六十岁时，六十年来随年变化与日俱新，何尝不是年初时认为是对的而年终时又转过来认为是错的，也不知道现今所认为是对的又是不是五十九岁时认为是错的。这里尽管"五十"变成了"六十"，但蘧伯玉确定无疑是一位求进甚急而又善于改过的人。也就是说，蘧伯玉"寡过"不仅有主观愿望，更是将"寡过"付之于实践。所以，蘧伯玉是公认的勇于改过的标兵，蘧伯玉使者再客气、再谦虚，也不能颠倒黑白，说他的主人"未能""寡其过"，"想减少过错却还没能做到"。

笔者认为"夫子欲寡其过而未能也"一句从王充到何晏、邢昺、朱熹以来的解释都值得商榷，这里"欲""寡""未能"三处的理解都有问题。

这里的"欲"字，大家都训为"想"，以为表达的只是一种愿望、一种企图，大谬！这里的"欲"，其实当训为喜好、喜欢，是对蘧伯玉做事行为倾向的归纳。如果是"想"的话，蘧伯玉"寡过"只是一种想法，并没有变成事实。而训为喜好、喜欢，则想法

[1] 何宁：《淮南子浅注》（修订本），中华书局1998年版，第51页。
[2] 曹础基：《庄子集释》，中华书局2000年版，第396页。

已经成为了事实，主观已经付之于实践。"欲"字的这种训诂，文献屡见。《左传·成公二年》："余虽欲于巩伯，其敢废旧典以黍叔父？"王引之《经义述闻·左传中》："欲，犹好也。言余虽爱好巩伯，不敢废旧典而以献捷之礼相待也。古者'欲'与'好'同义。"[1]《孟子·梁惠王上》："天下之欲疾其君者，皆欲赴愬于王。"俞樾《群经平议·孟子（一）》："上'欲'字犹好也……此文好、疾二字平列，欲其君者，谓好其君者也；疾其君者，谓恶其君者也。天下之好恶其君者莫不来告，故曰皆欲赴愬于王。"[2]王引之、俞樾之说，信而有征，其他的例子就不用多举了。

此章的"寡"字，邢昺、钱穆等训为"少"，杨伯峻、黄怀信等译为"减少"，也都是有问题的。这里的"寡"，其实当训为舍弃。《论衡·书解》："称干将之利，刺则不能击，击则不能刺。非刃不利，不能一且二也。蜻弹雀则失鷃，射鹊则失雁……使干将寡刺而更击，蜻舍鹊而射雁，则下射无失矣。"[3]此是说：称赞干将的锋利，但它能刺就不能砍，能砍就不能刺。不是剑刃不锋利，而是同时不能起两种作用。用蜻弹雀就不能同时弹鷃，用弓射鹊就不能同时射雁。如果干将舍弃刺而改为砍，蜻舍弃射鹊而专门射雁，就会砍成、射中，而不会失误了。这里"寡"与"舍"对举，"寡"义非减少而为舍弃无疑。《诗·小雅·鸿雁》："之子于征，劬劳于野。爰及

[1] 王引之：《经义述闻》，经义述闻第十八，清道光刻本。
[2] 俞樾：《群经平议》卷三十二，清光绪《春在堂全书》本。
[3] 黄晖：《论衡校释》，第1152页。

矜人，哀此鳏寡。"《毛传》："老无妻曰鳏，偏丧曰寡。"[1]《左传·襄公二十七年》："齐崔杼生成及彊而寡，娶东郭姜生明。"杜预注："偏丧曰寡。"[2]"寡"有"丧"义，引申之，自然就有了舍弃义。将"夫子欲寡其过"理解成"他老人家喜欢舍弃他的过错"，意思就是他老人家喜欢改过，这与《庄子·则阳》"蘧伯玉行年六十而六十化"，以及《淮南子·原道》"蘧伯玉年五十而知四十九年非"之说的精神非常一致，都是肯定蘧伯玉是一个勇于改过的人。而将"夫子欲寡其过"说成"他老人家想减少过错"，与《庄子·则阳》《淮南子·原道》的记载明显相悖。因为想少犯错误与勇于改正错误，两者毕竟不是一回事，含义显然不同。怎能把喜欢舍弃过错、勇于改过混同于"想减少过错"、想少犯错误呢？

此章的"未能"，大家都以为是"未能做到""没能做到"的意思，以为这里的"能"是一个普通的助动词，也有问题。其实这里的"能"当读为"耐"。《礼记·礼运》："故圣人耐以天下为一家。"郑玄注："耐，古能字。"《孔子家语·礼运》"耐"就作"能"。《礼记·乐记》："故人不耐无乐，乐不耐无形，形而不为道不耐无乱。"郑玄注："耐，古书能字也。"《唐石经》"耐"作"能"，《荀子·乐论》《史记·乐书》同。《穀梁传·成公七年》："非人之所能也。"陆德明《经典释文》："能，一作耐。"《大戴礼·易本命》："食水者善游能寒。"

[1]《十三经注疏》整理委员会整理：《毛诗正义（十三经注疏）》，北京大学出版社2000年版，第773页。
[2]《十三经注疏》整理委员会整理：《春秋左传正义（十三经注疏）》，北京大学出版社2000年版，第1226页。

《孔子家语·执辔》"能"作"耐"。《汉书·食货志上》："能风与旱。"颜师古注："能读曰耐。"[1]

而"耐"与"忍""堪""任"互训。如《吕氏春秋·审时》："得时者忍饥。"高诱注："忍犹能也，能，耐也。"[2]《吕氏春秋·急就篇》："完坚耐事踰比伦。"颜师古注："耐，堪任也。"[3]

湖北荆门郭店一号墓出土的楚简本《五行》篇"不仁，思不能清"章亦见于马王堆帛书《五行》篇[4]。其中"忧心不能惙惙""心不能悦""忧心不能忡忡""心不能降"四句的"不能"，按照"不会""不能够"解，扞格不通。其实《五行》篇此章的"不仁不智，未见君子，忧心不能惙惙"，是说"不仁不智"，犹如未能见到君子一样，"心""忧"，禁不住"惙惙"不安。"既见君子，心不能悦"，是说"有仁有智"，犹如见到了君子一样，"心"禁不住喜悦。"不仁不智，未见君子，忧心不能忡忡"，是说"不仁不智"，犹如"未见君子"一样，"心""忧"，禁不住"忡忡"不安。"既见君子，心不能降（愉）"，是说"有仁有智"，犹如"既见君子"一样，"心"禁不住高兴。《五行》篇此章的四个"能"字，都不是助动词，都不是"能够""会"

---

［1］以上例证皆见高亨纂著、董治安整理：《古字通假会典》，第34页。

［2］王利器：《吕氏春秋注疏》，第3171页。

［3］史游：《急就篇》，《四部丛刊（续编）》景明钞本。

［4］荆门市博物馆：《郭店楚墓竹简》，第149页。按：释文已经过笔者处理，假借字、异体字都直接写出本字和通行字，以便讨论。国家文物局古文献研究室：《马王堆汉墓帛书（一）》，第17页。

的意思，而应读为"耐"，训为受得住，禁得起[1]。

而"未"犹"不"。《仪礼·乡射礼》："众宾未拾取矢，皆袒、决、遂。"郑玄注："未，犹不也。"[2]《墨子·亲士》："缓贤忘事，而能以其国存者，未曾有也。"[3]"未曾"即"不曾"。《孟子·滕文公下》："（仲子）所食之粟，伯夷之所树与？抑亦盗跖之所树与？是未可知也。"[4]"未可知"即"不可知"。又《孟子·离娄下》："舜，人也；我，亦人也。舜为法于天下，可传于后世；我由未免为乡人也。是则可忧也。"[5]"未免"即"不免""免不了"。

"未"又相当于"尚未""不曾""没有"。《尚书·金縢》："秋，大熟，未获，天大雷电以风，禾尽偃。"[6]"未获"即"尚未获"。《孟子·滕文公上》："吾闻出于幽谷迁于乔木者，未闻下乔木而入于幽谷者。"[7]"未闻"即"不曾闻"。《仪礼·士冠礼》："孔子曰：'吾未之闻也，冠而敝之，可也。'"[8]"未之闻"即"没有听说过"。

这里的"未能"与简、帛《五行》篇的"不能"意义相同，也

[1] 魏启鹏：《马王堆汉墓帛书〈德行〉校释》，巴蜀书社1991年版，第5—8页。廖名春：《简帛〈五行〉篇"不仁思不能清"章补释》，《出土文献研究》（第9辑），中华书局2010年版，第109—118页。
[2]《十三经注疏》整理委员会整理：《仪礼注疏（十三经注疏）》，第238页上。
[3] 孙诒让撰、孙启治点校：《墨子闲诂》，中华书局2001年版，第1页。
[4]《十三经注疏》整理委员会整理：《孟子注疏（十三经注疏）》，北京大学出版社2000年版，第214页下。
[5]《十三经注疏》整理委员会整理：《孟子注疏（十三经注疏）》，第275页下。
[6]《十三经注疏》整理委员会整理：《尚书正义（十三经注疏）》，北京大学出版社2000年版，第400页下。
[7]《十三经注疏》整理委员会整理：《孟子注疏（十三经注疏）》，第177页上。
[8]《十三经注疏》整理委员会整理：《仪礼注疏（十三经注疏）》，第61页上。

就是"不耐""无奈"，即没有赶得上，没有比得过。

所以，蘧伯玉使者所谓"夫子欲寡其过而未能也"，既非谦辞，说他的主人"想减少过错却还没能做到"；也非其对蘧伯玉的非议，言其过多而无能；而是说蘧伯玉"他老人家喜欢舍弃他的过错"，在喜欢改过、勇于改过上，无人能及，没有谁赶得上。

明白了这一点，将下文的"子曰'使乎！使乎！'"理解成是孔子对使者的贬斥明显就站不住脚了。应该说，孔子是高度肯定了使者对蘧伯玉勇于改过的评价，表扬他不负使命。

孔子为何要高度肯定使者对蘧伯玉的评价？我们从《论语》一书中可找到答案。

《论语·学而》篇有："子曰：君子不重则不威，学则不固；主忠信，无友不如己者；过则勿惮改。"[1]"主忠信"三句，又见于《论语·子罕》篇"子曰"[2]，可见这是孔子经常说的话。"过则勿惮改"，就是说要勇于改过，不要害怕改正错误。

《论语·卫灵公》篇又载："子曰：过而不改，是谓过矣！"[3]对于"过"，孔子主张的是"改"，反对的是"不改"。

《论语·述而》篇还有："子曰：德之不修，学之不讲，闻义不能徙，不善不能改，是吾忧也。""子曰：三人行，必有我师焉！择其善者而从之，其不善者而改之。"[4]"不善者"也是"过"，也是错

---

[1] 杨伯峻：《论语译注》，第 6 页。
[2] 杨伯峻：《论语译注》，第 94 页。
[3] 杨伯峻：《论语译注》，第 168 页。
[4] 杨伯峻：《论语译注》，第 67、72 页。

误，孔子强调的是"改之"，其担"忧"的是"不能改"。《论语·学而》篇孔子所说的"就有道而正焉"[1]，"正"是"匡正"，是用"有道"匡正自己的"不善"，其意与"择其善者而从之，其不善者而改之"同。

《论语·子罕》篇也记："子曰：法语之言，能无从乎？改之为贵。"[2] 强调要从善如流，改正错误才可贵。

《论语》这些记载，说明孔子一贯主张改过，也勇于改过，与蘧伯玉正可谓心心相印、志同道合。如果"欲寡其过而未能也"只是蘧伯玉主观上想减少过错，客观上却未能做到，孔子予以激赏是不可能的。所以孔子高度肯定使者对蘧伯玉的评价实质上是出于其与蘧伯玉道德理念、政治理念相同，他们都是提倡改过的贤人、勇于改过的政治家。

笔者对"欲寡其过而未能也"的这一解读在《论语·宪问》本篇的"君子道者三"章也能得到印证。

> 子曰："君子道者三，我无能焉：仁者不忧，知者不惑，勇者不惧。"子贡曰："夫子自道也。"

邢昺疏："言君子之道有三，我皆不能也""夫子言我皆不能此三者"。"'子贡曰：夫子自道也'者，子贡言夫子实有仁、知及勇，而谦称我无，故曰夫子自道说也。所谓'谦尊而光'。"[3] 认为就像

---

[1] 杨伯峻：《论语译注》，第9页。
[2] 杨伯峻：《论语译注》，第94页。
[3] 何晏注、邢昺疏，朱汉民整理：《论语注疏》，第223页上。

子贡所云，孔子"夫子自道"，本来"实有仁、知及勇"，却"谦称我无"。这正是《周易·谦·象传》所言"谦尊而光"，即推崇谦虚之道就会事业光大的精神。朱熹《集注》也说孔子这是"自责勉人也"，"自道，犹云谦辞"[1]。钱穆《新解》本之，云："圣人自视常欿然，故曰：'我无能焉。'此其所以日进不止也。"[2]杨伯峻《论语译注》将此章译为："孔子说：'君子所行的三件事，我一件也没能做到：仁德的人不忧虑，智慧的人不迷惑，勇敢的人不惧怕。'子贡道：'这正是他老人家对自己的叙述哩。'"[3]都是把"我无能焉"说成是孔子的"谦称"，说是孔子"自责勉人"。

其实，这样的理解大成问题。"仁者不忧，知（智）者不惑，勇者不惧"三者，是孔子所服膺而身体力行的"君子之道"，是他大力提倡的为人准则。他说他"一件也没能做到"，即使是"谦辞"，对别人、对子贡一样的弟子，又有什么意义？老师都做不到"仁者不忧，知（智）者不惑，勇者不惧"，其弟子乃至一般的"涂之人"更是望尘莫及，望洋兴叹！这样的现身说法、"夫子自道"，不能催人上进，为人师表只能说是匪夷所思！

特别值得注意的是，《论语·为政》篇记载的"子曰：'吾十有五而志于学，三十而立，四十而不惑，五十而知天命，六十而耳顺，七十而从心，所欲不踰矩。'"[4]孔子既然自陈"四十"岁就已经"不

［1］朱熹：《论语集注》卷七，《四书章句集注》，第156页。
［2］钱穆：《论语新解》，生活·读书·新知三联书店2002年版，第377页。
［3］杨伯峻：《论语译注》，第155页。
［4］杨伯峻：《论语译注》，第12页。

惑",又怎能说作为"君子道"之一的"知（智）者不惑"他"无能焉"
做不到呢？由此看来，《论语·为政》篇孔子"四十而不惑"说与
《论语·宪问》篇"君子道者三"章的"知（智）者不惑""无能焉"
的通行解释是相互矛盾的。相信《论语·为政》篇孔子的"四十而
不惑"说，就一定得否定《论语·宪问》篇"知（智）者不惑""我
无能焉"的"谦称"说、"自责勉人"说；承认《论语·宪问》篇"知（智）
者不惑""我无能焉"的"谦称"说、"自责勉人"说，就一定得否
定《论语·为政》篇孔子的"四十而不惑"说，二者必居其一。

　　笔者认为，《论语·宪问》篇"君子道者三"章的"无能"与"蘧
伯玉使人"章的"未能"含义相同，"能"也非能愿动词，也当读
为"耐"。定州八角廊汉简本《论语》此章的残简，"能"正作"耐"[1]，
黄怀信等《论语汇校集释》以为"耐"为"能"之借字[2]，刚好说
反了。"耐"通"奈"，又作"奈"。张相（1877—1945）《诗词曲语
辞汇释》卷二："耐，即奈也。"[3]因此"无耐"，又作"无奈"或"无
奈"，谓无可奈何。《韩非子·难三》："王曰：'孟常、芒卯率强韩、
魏，犹无奈寡人何也！'左右对曰：'甚然！'"[4]《战国策·秦策二》：
"楚惧而不进，韩必孤，无奈秦何矣！"[5]"我无能焉"即"我无耐焉"，
也就是"无奈我焉"，无可奈何我，没有人比得上我。

［1］河北省文物研究所、定州汉墓竹简整理小组：《定州汉墓竹简〈论语〉》，第66页。
［2］黄怀信等：《论语汇校集释》，第1307页。
［3］张相：《诗词曲语辞汇释》，中华书局1953年版，第202页。
［4］张觉：《韩非子校疏》，上海古籍出版社2010年版，1006页。
［5］诸祖耿：《战国策集注汇考》，江苏古籍出版社1985年版，第240页。

由《论语·为政》篇"夫子自道"的"四十而不惑"说可知，孔子年四十时已经达到"知（智）者不惑"的境界。所谓"五十而知天命，六十而耳顺，七十而从心所欲不踰矩"与《论语·宪问》篇的"仁者不忧""勇者不惧"是否存在对应关系，尚可讨论。笔者认为"勇者不惧"可对应"五十而知天命"，"知天命"故能有"勇"而"不惧"。"仁者不忧"可对应"七十而从心所欲不踰矩"，达到了"仁"的境界，就是放纵情性也不会有违礼之忧。这样的推论如果能成立的话，那《论语·宪问》篇"君子道者三"章的"子曰"，很可能就是孔子晚年最后几年，即七十岁之后所说。

从《论语·宪问》篇"君子道者三"章可知，孔子晚年回顾自己的一生，不是遗憾，不是故作谦虚状，而是非常自信，充满自豪：君子之道有三，"仁者不忧，知（智）者不惑，勇者不惧"，这三件事"我无能焉"，没有人比得上我。这样的"夫子自道"，表面上是肯定自己、称道自己，实质是言传身教，以自己为榜样，勉励自己的学生，在"仁""知（智）""勇"的修养上苦下功夫，砥砺前行。

《论语·宪问》篇"未能""无能""能"字的确诂，是我们读懂《论语》这两章的关键。清人王念孙云："小学明而经学明。"[1]张之洞（1837—1909）谓："由小学入经学者，其经学可信。"[2]良有以矣。

---

[1] 王念孙：《说文解字注·序》，许慎撰、段玉裁注：《说文解字注》，上海古籍出版社1981年版。
[2] 张之洞：《书目答问》四，范书义等主编：《张之洞全集》第十二册，河北人民出版社1998年版，第9976页。

后　记

　　大约是20年前，我给清华大学的本科生上了两个学期的《论语》课。虽然教学评估成绩一般，也有学生反映"没有什么新意"，"希望能讲得深入一些"，但我自己却感觉良好，因为我由此写了一系列《论语》研究的论文。本书就是这批成果的第一部分。

　　本书的第一章愚民说——"民可使由之，不可使知之"的真相与第六章修养论还是治国论？——"民免而无耻""有耻且格"辨正作为拙作《新出楚简与〈论语〉研究三题》的部分内容，曾刊登于2007年8月的韩国《儒教文化研究》（国际版）第8期。

　　第二章司法腐败说——"父为子隐，子为父隐"的实质曾以《〈论语〉"父子互隐"章新证》之名刊登于《湖南大学学报》社科版2013年第2期，又转载于《人大复印报刊资料·中国哲学》2013年第6期，最近又被美国著名的学术期刊《道》译成英文发表。

　　第三章轻视妇女说——"唯女子与小人为难养也"的误读曾以《〈论语〉"唯女子与小人难养也"章疏注及新解》之名刊登于《人文学刊》2012年第6期，又转载于《人大复印报刊资料·中国哲学》2013年第3期。

　　第四章尊德性还是道问学？——"朝闻道，夕死可矣"的真义曾以《〈论语〉"朝闻道夕死可矣"章新释》之名刊登于《清华大学学报》2009年第6期，又转载于《人大复印报刊资料·先秦秦汉史》2010年第2期。

第五章畏惧还是敬重？——"君子有三畏"解惑曾以《〈论语〉"君子有三畏"章新释》之名刊登于《孔子研究》2011年第6期，又转载于《人大复印报刊资料·中国哲学》2012年第2期。

第七章《学而》何以第一？——"学而时习之"章的表层义与深层义曾以《〈论语〉"学而时习之"章新探》之名刊登于2006年的韩国成均馆大学儒教文化研究所《儒教文化研究》（国际版）第6辑。

第八章孔子学习过《周易》吗？——"加我数年，五十以学《易》，可以无大过矣"章的检讨曾以《试论孔子易学观的转变》之名刊于《孔子研究》1995年第4期。

第九章孔子治狱水平真的很一般吗？——"听讼，吾犹人也"章的反思刚以《〈论语·听讼〉章与〈大学〉篇的误读》之名刊于《社会科学战线》2014年第6期。

第十章"色斯举矣"章新解、第十一章"色难""贤贤易色"析疑取于拙作《〈论语·乡党〉篇"色斯举矣"章新证》一文，2013年7月写于台湾大学修齐会馆。此文2014年3月28日获得第四届"纳通国际儒学奖"的"优秀征文奖"。

第十二章"允执其中""六十而耳顺"正误由两篇小文组成。第一篇谈《论语·尧曰》的"允执其中"问题，出自拙作《论语尧曰篇"允执其中"章新探》，系笔者参加2023年4月西安"经典传播与丝路儒学"学术研讨会提交的论文；第二篇谈《论语·为政》

的"六十而耳顺"问题，是当年给学生讲课的讲义，虽然在许多地方做过演讲，但尚未在刊物上公开发表。

第十三章"不以其道得之"之谜、第十四章"不能以礼让为国如礼何"的读法、第十五章"求为可知也"的错中出错都见于拙作《〈论语·里仁〉篇三考》，刊于中国人民大学国学院《国学学刊》2012年第2期，又转载于《人大复印报刊资料·中国哲学》2012年第9期。

新附编的第十六章"欲寡其过而未能也"说辨正——兼论"我无能焉"的释读，原题《〈论语·宪问〉篇"欲寡其过而未能也"说辨证——兼论"君子道者三"章"我无能焉"的释读》，刊《孔子研究》2019年第3期。

这些论文，我在中国大陆、中国台湾、中国香港、韩国的各种学术研讨会上都做过报告，其中在北京师范大学、湖南大学岳麓书院、曲阜师范大学、孔子研究院、台湾大学、台湾"中央研究院"中国文哲研究所、高雄师范大学经学研究所、韩国成均馆大学儒教文化研究所召开的会议上讲得尤其多。这里要深深感谢这些单位的朋友。同时，对这些论文的主要精神，我在许多公众场合也发表过演讲。而这些演讲，许多时候我都是与马宝善先生同台，效果都非常好，反响都很热烈。这使我认识到，书斋里的学问走向公众，让孔子的真精神被大众所接受，是儒学的题中之义，也是我们学者义不容辞的责任。

本书的面世，要感谢华东师范大学出版社原董事长、原社长朱杰人先生的鼓励，更要感谢焦贵萍女士的热心和辛勤劳动。本来，应朱杰人先生之邀，我想在前些年就将自己有关《论语》的论作汇集成书出版。但由于妻子病故，心力交瘁，无心写作，此事就拖下来了。2014年5月孔学堂书局成立，焦贵萍女士来京组稿，提到出书事，我本想推脱，但为焦贵萍女士的敬业和专业精神所打动，就硬着头皮上，结果就促成了本书的面世。

本书的插图大多为清华大学历史系黄甜甜博士、北京大学中国古文献研究中心吴国武教授所提供，老友胡平生教授也伸出了援手，特向他们表示衷心的感谢。老友詹海云是钱穆先生的弟子，是台湾学界的知名教授，他在诸子学会议的百忙中为本书写了推荐，编辑以此为序，真乃天作之合，默契有心。

本书的初版已有10年，这次重版，我一是补充了一些新说，改正了一些讹误；二是增加新附编，即增加了第十六章。当年我曾计划用3年时间，新写10多篇论文，编一个续集，再出一本书。可10年过去了，任务并没有完成。虽然这10年来，我在《论语》研究方面有许多的新发现，并在许多不同场合做过演讲，汇报过自己的心得，但论文并没有写出来。现在，我讲课的课堂已从清华大学变为曲阜师范大学，在孔子故里，同道更多，研究《论语》风气更浓，"他山之石，可以攻玉"，我的研究应该更上层楼。

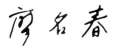

2014年7月10日于北京回龙观

2024年3月修订于北京颐阳山水居养心园